Potência, limites e seduções do poder

FUNDAÇÃO EDITORA DA UNESP

Presidente do Conselho Curador
Herman Jacobus Cornelis Voorwald

Diretor-Presidente
José Castilho Marques Neto

Editor-Executivo
Jézio Hernani Bomfim Gutierre

Conselho Editorial Acadêmico
Alberto Tsuyoshi Ikeda
Áureo Busetto
Célia Aparecida Ferreira Tolentino
Eda Maria Góes
Elisabete Maniglia
Elisabeth Criscuolo Urbinati
Ildeberto Muniz de Almeida
Maria de Lourdes Ortiz Gandini Baldan
Nilson Ghirardello
Vicente Pleitez

Editores-Assistentes
Anderson Nobara
Henrique Zanardi
Jorge Pereira Filho

COORDENAÇÃO DA COLEÇÃO PARADIDÁTICOS

João Luís C. T. Ceccantini
Raquel Lazzari Leite Barbosa
Ernesta Zamboni
Raul Borges Guimarães
Marco Aurélio Nogueira (Série Poder)

MARCO AURÉLIO NOGUEIRA

Potência, limites e seduções do poder

COLEÇÃO PARADIDÁTICOS
SÉRIE PODER

© 2007 Editora UNESP

Direitos de publicação reservados à:
Fundação Editora da UNESP (FEU)
Praça da Sé, 108
01001-900 – São Paulo – SP
Tel.: (0xx11) 3242-7171
Fax: (0xx11) 3242-7172
www.editoraunesp.com.br
www.livrariaunesp.com.br
feu@editora.unesp.br

CIP – Brasil. Catalogação na fonte
Sindicato Nacional dos Editores de Livros, RJ

N713p

Nogueira, Marco Aurélio, 1949-
  Potência, limites e seduções do poder / Marco Aurélio Nogueira. –
São Paulo: Editora UNESP, 2008.
  (Paradidáticos. Série Poder)

  Inclui bibliografia
  ISBN 978-85-7139-748-4

  1. Ciência política. 2. Ciência política - Filosofia. 3. Poder (Ciências sociais). 4. Dominância. I. Título. II. Série.

07-0721.   CDD: 320
                                                              CDU: 32

EDITORA AFILIADA:

Asociación de Editoriales Universitarias
de América Latina y el Caribe

Associação Brasileira de
Editoras Universitárias

A COLEÇÃO PARADIDÁTICOS UNESP

A Coleção Paradidáticos foi delineada pela Editora UNESP com o objetivo de tornar acessíveis a um amplo público obras sobre *ciência* e *cultura*, produzidas por destacados pesquisadores do meio acadêmico brasileiro.

Os autores da Coleção aceitaram o desafio de tratar de conceitos e questões de grande complexidade presentes no debate científico e cultural de nosso tempo, valendo-se de abordagens rigorosas dos temas focalizados e, ao mesmo tempo, sempre buscando uma linguagem objetiva e despretensiosa.

Na parte final de cada volume, o leitor tem à sua disposição um *Glossário*, um conjunto de *Sugestões de leitura* e algumas *Questões para reflexão e debate*.

O *Glossário* não ambiciona a exaustividade nem pretende substituir o caminho pessoal que todo leitor arguto e criativo percorre, ao dirigir-se a dicionários, enciclopédias, *sites* da Internet e tantas outras fontes, no intuito de expandir os sentidos da leitura que se propõe. O tópico, na realidade, procura explicitar com maior detalhe aqueles conceitos, acepções e dados contextuais valorizados pelos próprios autores de cada obra.

As *Sugestões de leitura* apresentam-se como um complemento das notas bibliográficas disseminadas ao longo do texto, correspondendo a um convite, por parte dos autores, para que o leitor aprofunde cada vez mais seus conhecimentos sobre os temas tratados, segundo uma perspectiva seletiva do que há de mais relevante sobre um dado assunto.

As *Questões para reflexão e debate* pretendem provocar intelectualmente o leitor e auxiliá-lo no processo de avaliação da leitura realizada, na sistematização das informações absorvidas e na ampliação de seus horizontes. Isso, tanto para o contexto de leitura individual quanto para as situações de socialização da leitura, como aquelas realizadas no ambiente escolar.

A Coleção pretende, assim, criar condições propícias para a iniciação dos leitores em temas científicos e culturais significativos e para que tenham acesso irrestrito a conhecimentos socialmente relevantes e pertinentes, capazes de motivar as novas gerações para a pesquisa.

SUMÁRIO

INTRODUÇÃO **8**

CAPÍTULO 1
As várias faces do poder **12**

CAPÍTULO 2
O lugar do poder na sociedade globalizada **26**

CAPÍTULO 3
Poder, controle, disciplina **47**

CAPÍTULO 4
O poder da organização **69**

CAPÍTULO 5
Autoridade e liderança **87**

CAPÍTULO 6
Limitar, dividir e compartilhar o poder **102**

CONCLUSÃO
A politização do poder **121**

GLOSSÁRIO **127**

SUGESTÕES DE LEITURA **133**

QUESTÕES PARA REFLEXÃO E DEBATE **139**

INTRODUÇÃO

O tema não aceita indiferença.

Sempre houve e sempre haverá quem receie o poder ou se incomode por ele. De uma ou de outra forma, todos são magnetizados por ele. O poder seduz. A própria sedução é um de seus principais recursos. Sempre há quem sofra com o poder e quem o cobice.

É um assunto universal, de todos os tempos, presente em todas as culturas, objeto de conversas de bar e de tratados refinados escritos por pensadores dos mais diferentes estilos e das mais díspares orientações ideológicas. É daqueles temas que costumamos chamar de clássicos, que nunca saem de cena e que se tornam sempre mais fascinantes a cada nova abordagem, ainda que não fiquem necessariamente mais bem compreendidos. Podemos partir dos antigos filósofos gregos, passar pelas reflexões teológicas da Idade Média, frequentar os clássicos modernos (Maquiavel, Hobbes, Kant, Rousseau, Hegel, Marx) e chegar aos contemporâneos, e iremos deparar com a mesma inquietação, com o mesmo interesse em entender as armadilhas, as sinuosidades, as misérias e a potência do poder.

Por que alguns mandam e outros obedecem? De que métodos e recursos se valem os que mandam? Como conseguem obter apoio e consentimento? Como justificam e como é recepcionado esse poder? Em seu famoso *Discurso sobre a origem e os fundamentos da desigualdade entre os homens* (1762), Jean-Jacques Rousseau propôs-se claramente explicar por qual "encadeamento de prodígios" o forte – isto é, a maioria – pôde resolver-se a servir ao fraco, aceitando uma dominação que, em nome de uma "felicidade real", deu-lhe apenas uma "tranquilidade imaginária". Não foi o primeiro a se dedicar ao problema, mas seu texto marcou época na história do pensamento político.

Amado e odiado indistintamente, o poder perturba, leva pessoas à loucura, corrompe e alucina, mas também serve para que se movam montanhas e para que multidões dispersas se organizem. O poder reprime e prejudica, mas também acalenta, protege, incentiva e beneficia. Costuma ser utilizado tanto para conservar quanto para revolucionar, tanto para promover mudanças quanto para preservar o *status quo*. É visto como instrumento e como fim último, como recurso e como meio de vida.

Diante do poder, não há como simplesmente darmos de ombros e acharmos que não temos relação com ele. Podemos não gostar dele, mas não temos como evitá-lo nem como subestimá-lo. Podemos pensar que ele não é um tema atraente, que há assuntos melhores para se estudar, mas não compreenderemos os horrores e as maravilhas do mundo se não incluirmos o poder como objeto de estudo e não tentarmos decifrá-lo.

O anedotário sobre o poder é ilimitado. Todo povo cria fantasias sobre o poder e o explica de algum modo. Não há quem não ache, ao menos por uma vez, que os governos são sempre arrogantes com os cidadãos mais fracos e rastejam diante dos poderosos. Todos creem que os políticos são simpáticos quando precisam pedir votos aos eleitores e se convertem na encarnação mesma da empáfia e da soberba quando chegam ao poder. A vida está cheia de pequenos tiranetes que se incham quando põem a mão em alguma nesga de poder. Servidores públicos, policiais, gerentes de banco, empresários, chefes de seção, jornalistas, técnicos de futebol, professores, *top-models* e artistas famosos sempre têm seu instante de poder e arrogância. Nessas ocasiões, pisoteiam e maltratam quem aparecer pela frente, abusando de todos os recursos de que dispõem para humilhar o próximo ou para dele se distanciar. São momentos parecidos com os quinze minutos de fama que Andy Warhol atribuiu como "direito" a cada um dos habitantes das sociedades dotadas de um forte sistema de mídia. A fama e o poder muitas vezes andam juntos, mas são coisas bem diferentes.

O texto que se segue pode ser entendido como um convite para que nos interessemos pelo tema. Seguindo a sugestão feita décadas atrás por um pequeno livro do filósofo Gérard Lebrun,[1] tentaremos seduzir o leitor a olhar o poder como assunto digno, crucial, estratégico, se possível desfazendo alguns preconceitos e indo além de algumas "evidências". O plano não é convencer ninguém da "bondade" ou da "maldade" intrínsecas ao poder, mas sim abrir algumas clareiras para que se possa pensar o poder como um fato integrado à vida, que se insinua em nossos discursos, em nossos relacionamentos amorosos, em nossa atividade produtiva, nas lutas que travamos para ser felizes ou simplesmente para defender nossos interesses.

O poder está em toda parte, tem muitas faces, múltiplas dimensões e inúmeras falas. Exibe-se e oculta-se com igual dedicação. Ama a exposição e não vive sem o segredo. Podemos odiá-lo, cobiçá-lo, combatê-lo ou apenas temê-lo.

---

1 LEBRUN, Gérard. *O que é poder*. 14.ed. São Paulo: Brasiliense, 1994 [1981].

POTÊNCIA, LIMITES E SEDUÇÕES DO PODER

Justamente por isso, não temos o direito de ignorá-lo e de não tentarmos compreendê-lo. Se assim procedermos, acabaremos por não saber bem o que fazer com o poder que temos e com todos os pequenos e grandes poderes com os quais interagimos.

1 As várias faces do poder

"É tendência geral de todos os homens um perpétuo e irrequieto desejo de poder e mais poder, que cessa apenas com a morte", escreveu Thomas Hobbes no *Leviatã* (1651).[1] Segundo ele, isso acontecia não porque os homens buscassem um prazer sempre mais intenso, mas sim porque percebiam que a conservação e a ampliação constantes do poder eram essenciais para que se pudesse garantir o que já se possuía.

Hobbes reiterava uma ideia anterior, que Maquiavel havia exposto em seus *Comentários sobre a primeira década de Tito Lívio* (1517): "não se pode determinar com clareza que espécie de homem é mais nociva numa república: a dos que desejam adquirir o que não possuem ou a dos que só querem conservar as vantagens já alcançadas". Como a acumulação de poder cria ainda mais poder, seria natural que os homens não se considerassem proprietários tranquilos "a não ser quando pudessem acrescentar algo aos bens de que já dispõem". Maquiavel não economizaria palavras:

---

1 HOBBES, *Leviatã, ou Matéria, Forma e Poder de um Estado Eclesiástico e Civil*. Tradução João Paulo Monteiro e Maria Beatriz Nizza da Silva. São Paulo: Abril, 1974, p.64. (Os Pensadores)

"a sede de poder é tão forte quanto a sede de vingança, se não for mais forte ainda".[2]

Era uma posição controvertida, mas jogava luz sobre o fascínio que o poder exerce sobre aqueles que dele se aproximam. Quem mexe com o poder faz um "pacto com potências diabólicas" (Weber),[3] dá de cara com a "face demoníaca do poder" e vai descobrindo que o bem e o certo nem sempre têm um significado unívoco. O poder sobe à cabeça, cega, embriaga. Pode ser uma arma mortífera. Cobra um preço daqueles que o detêm.

Maquiavel e Hobbes pensavam no Estado, mas também falavam do poder em geral, inerente ao modo de ser do homem em sociedade. Há muita *potência* na vida social, ainda que ela, na maioria das vezes, sequer seja usada, quer dizer, sequer se converta em ato, em poder efetivo. Todos os indivíduos a rigor têm potência suficiente para fazer diversas coisas, mas nem todos podem fazer certas coisas. Nem toda potência pode ser exercida. A potência é genérica e imprecisa, virtual demais. O poder, visto como potência que pode ser exercida, é outra coisa. Na política, por exemplo, ele conta decisivamente.

Para se converter em poder, a potência precisa acumular alguma força e utilizar diferentes recursos e expedientes. Não se trata de violência, mas de condições de efetivação, da possibilidade que alguém (um indivíduo, um grupo) tem de impor sua vontade no interior de uma relação social, dobrando as eventuais resistências que a isso se anteponham.

Foi mais ou menos nesses termos que séculos depois de Maquiavel e Hobbes o sociólogo alemão Max Weber definiu o poder. Para ele, o poder (*Macht*) existe quando uma

---

2 MAQUIAVEL. *Comentários sobre a primeira década de Tito Lívio.* 3.ed. Tradução Sérgio Bath. Brasília: Editora UnB, 1985. Livro Primeiro, cap.5, p.33-5, e Livro Terceiro, cap.6, p.316.

3 WEBER, Max. A política como vocação. In: ___. *Ciência e Política:* duas vocações. Tradução Leônidas Hegenberg. 12.ed. São Paulo: Cultrix, 2004.

potência, valendo-se de determinados recursos, consegue afirmar-se como *dominação* (*Herrschaft*) e ver suas ordens serem cumpridas. A questão dos recursos é aqui crucial, como podemos imaginar. Uma coisa é dominar mediante o uso da lei, outra é fazer isso apoiado na coerção. Tais condições, porém, não são excludentes e o mais comum é que o poder se valha tanto da lei quanto da coerção, tanto da simulação quanto da dissimulação, tanto da esperteza quanto da intimidação.

Força, potência, poder

Com a força e a beleza literária de seu *Massa e poder* (1960), o escritor búlgaro Elias Canetti observou que *poder* e *força* se distinguem de modo sutil e profundo. A força (*Gewalt*) é mais coercitiva e imediata que o poder (*Macht*). Se dispuser de mais tempo, a força tende a se transformar em poder, mas o poder assim instituído jamais deixa de recorrer à força, sobretudo em seus momentos críticos, nos quais se trata de decidir e de garantir o cumprimento de decisões. "O poder", diz Canetti, "é mais universal e mais amplo: contém muito mais, e já não é tão dinâmico. É mais cerimonioso e possui até um certo grau de paciência".[4] Poder associa-se à capacidade, não a atos imediatos de fazer.

É por isso que alguém pode estar livre da força de um outro e ao mesmo tempo submeter-se a seu poder. Um indivíduo pode não ser capturado e não ficar à mercê da força de alguém sem que, com isso, necessariamente, esteja imune ao poder que aquele alguém tenha de capturá-lo. O poderoso pode apenas manter sob vigilância e controle a sua "presa", manipulando-a e ameaçando-a quando bem entender.

---

4 CANETTI, Elias. *Massa e poder*. Tradução Sérgio Tellaroli. São Paulo: Companhia das Letras, 1995. p.281.

Para usar uma bela imagem de Canetti, o poder é como uma "ampliação da boca": quem detém poder dispõe de tempo e de espaço para triturar sua presa. O crente encontra-se sempre à mercê da força divina e busca fazer o que é certo para evitar o peso de uma severa intervenção direta, de um castigo. Encontra-se na expectativa de uma ordem. Põe-se diante de seu deus como se estivesse numa boca ampliada, esperando ser mastigado.

Isso significa que o poder tem algo mais do que força. Pode pressupô-la, mas não é exercido exclusivamente com ela.

Foram vários os pensadores gregos e romanos, como Cícero, que deram destaque à ideia de que se pode agir na política pela força e pela fraude, condutas tidas como "bestiais", indignas do homem. O ideal, na conduta humana, é que tudo seja feito mediante o uso da razão, da inteligência, do diálogo e das leis. Nem sempre, porém, isso é possível. Mais tarde, Maquiavel complementaria: o príncipe – isto é, o estadista, o governante, o dirigente – "precisa ser raposa para conhecer os laços e leão para aterrorizar os lobos".[5] Sua natureza é a do centauro, metade homem, metade bicho. Sem o leão, não tem como afastar os lobos que o ameaçam, mas, sem a raposa, acaba por cair nas armadilhas que lhe preparam os adversários.

"O segredo encontra-se no mais recôndito cerne do poder", escreveu Canetti.[6] Quem detém poder é levado a espreitar e a inquirir. O ato de espreitar é secreto por natureza. Pressupõe que o vigilante tente se esconder para melhor espreitar, disfarçar a invasão de "privacidade" do vigiado e aumentar sua eficiência: a *surpresa* – recurso legítimo em qualquer exercício de poder – só tem como se efetivar se for

---

5   MAQUIAVEL. *O príncipe*. Tradução Maria Júlia Goldwasser. São Paulo: Martins Fontes, 1993, p.83.
6   CANETTI, Elias. *Massa e poder*. op. cit. p.290.

preparada longe dos olhos e do conhecimento daqueles a quem se deseja surpreender.

O detentor de poder oculta suas intenções ao inquirir e ao agir. Beneficia-se do segredo para aumentar sua potência ou para ocultar práticas que eventualmente o enfraqueçam ou que possam dar força a seus adversários. Oculta-se para ser eficiente e oculta para não ser acusado ou atacado. É bastante popular a imagem do político de duas caras: a que ele mostra quando precisa de votos e uma outra, que guarda a sete chaves para depois da eleição. Todo dirigente – um patrão, um técnico de futebol, um professor ou um padre – pode valer-se da dissimulação (que é uma forma de acobertar algo) para reforçar sua capacidade de direção ou para não abrir a guarda para seus inimigos.

Uma ditadura usa e abusa do segredo. De certo modo, não tem como viver longe dele. Por isso, o exacerba e o concentra. Uma democracia, ao contrário, trabalha pela diluição do segredo. Permite que "todos" ou "muitos" valham-se dele. O segredo, por fim, também é uma arma da vítima: aquele que sofre a perseguição de um poderoso pode silenciar para não se deixar capturar ou para ocultar informações, proteger-se ou proteger seus companheiros.

Temos poder quando vislumbramos a possibilidade concreta de fazer ou conquistar algo, quando nos vemos em condições de influenciar de modo determinante algumas pessoas ou situações, quando podemos nos recusar a cumprir uma ordem ou simplesmente quando podemos deixar de agir deste ou daquele modo. Falamos em poder quando pensamos naquelas operações que conseguem fazer com que alguma coisa ou alguém produza um resultado esperado. Máquinas podem deslocar toneladas de pedras, encurtar distâncias, ceifar ou salvar vidas, impulsionar pessoas, mas máquinas não decidem e não se organizam para ter poder. São formas de poder que não se manifestam com base em escolhas ou opções, ainda que só possam ser compreendidas a partir de algum agente humano (aqueles que as projetam, os que as põem em movimento, os que as mantêm, e assim por diante).

A própria natureza é força e poder: nos assusta e nos desafia. O homem sempre procurou submetê-la a si. Extrai dela seu sustento e os recursos de que necessita para viver. Busca explorá-la e dela se apropria, de certo modo impondo-lhe sua vontade. Quanto mais se dedicou a esse exercício, mais foi convertendo a natureza em coisa "sua", mas, paradoxalmente, mais foi se afastando dela e mais foi violentando-a. Só em estágios histórico-sociais "primitivos", em sociedades tradicionais ou em situações ricas de virtude cívica é que essa relação costuma ser balizada pela moderação, pelo respeito, e o homem volta a se encontrar com sua condição de animal natural e animal cultural.

Poderes

Numa comunidade humana, sempre há líderes, chefes e governantes para sugerir metas e objetivos, moldar condutas e impor modos de pensar. Vivendo em grupos mais ou menos extensos, homens e mulheres relacionam-se uns com os outros a partir de algum desnível: alguns podem mais do que outros, são mais bem-sucedidos do que outros, conseguem mais seguidores ou sofrem menos pressões do que outros. Mesmo o mais inocente jogo amoroso não dispensa uma disputa por sua condução ou um empenho dos amantes para fazer sua vontade ou para impedir o outro de prevalecer. Também nesse terreno o poder remete à submissão, por mais que esta conte muitas vezes com a concordância entusiasmada do submetido. Mas nem sempre é assim, como sabemos.

Os que controlam a produção detêm algum poder sobre os consumidores, especialmente quando se apropriam de todos os meios necessários para a produção. Empresários e comerciantes podem valer-se da propaganda para induzir o consumo de certos bens em detrimento de outros. Trabalhadores sindicalizados têm mais força para fazer uma greve ou obter aumento de salários do que os trabalhadores desorganizados. Aqueles que sabem e controlam informações podem apoiar-se nisso para subjugar pessoas, vencer uma discussão ou adquirir prestígio. Um animador de auditório dispõe de meios para levar seu público a verdadeiros malabarismos em termos de gostos, preferências e atitudes. E assim por diante.

A discussão sobre o poder é tanto uma discussão sobre *quem* detém o poder quanto sobre *quais questões* estão submetidas à decisão de alguém. Têm poder efetivo aqueles que conseguem decidir sobre questões importantes, que repercutem no modo como se vive e se atua em determinadas associações. Um diretor de escola tem poder porque interfere em questões escolares essenciais, referidas não a detalhes ou minúcias (o modo como um professor organiza suas aulas, por exemplo), mas sim à dimensão substantiva e às finalidades básicas da ação que se desenvolve naquela dada organização, a escola.

Uma vez que a vida em sociedade é sempre relacional e supõe interações constantes, não há como pensá-la sem o poder. O poder do homem sobre o homem é uma espécie de forma primária do poder, aquela que celebra a vitória do forte sobre o fraco, do superior sobre o inferior, do senhor sobre o escravo. Neste sentido, expressa aquela desigualdade que Rousseau anteviu no *Discurso sobre a origem e os fundamentos da desigualdade*: a "desigualdade natural ou física", que assenta nas diferenças de idade, de saúde, das "forças do corpo e das qualidades do espírito e da alma". Como tal, difere da "desigualdade moral ou política", que depende de uma espécie de convenção, é "autorizada pelo consentimento dos homens" e se manifesta sob a forma dos vários privilégios de que gozam alguns em prejuízo de outros, como o de "serem mais ricos, mais poderosos e mais homenageados do que outros, ou ainda por fazerem-se obedecer por eles".[7]

O poder tem várias faces e aparece em todas as situações nas quais há interação: na família (o poder do pai ou da mãe), no trabalho (o poder do patrão, do gerente ou do capataz), na igreja (o poder do sacerdote), na escola (o poder do professor), nos exércitos (o poder do comandante), no Estado (o poder dos governantes). Em cada uma dessas situações, o sujeito ativo (o poderoso) vale-se de determinados meios para condicionar o comportamento e obter a obediência dos que a ele se submetem.

No caso do poder militar, por exemplo, são as armas e o aparato bélico de um exército que o fazem ser temido ou respeitado pelos inimigos. O poder militar é o poder das armas e sobre as armas. O poder ideológico organiza-se e é exercido mediante a posse de conhecimentos e de instrumentos ideológicos com os quais se consegue influenciar a conduta ou o modo de pensar dos que integram uma comunidade. É o poder das ideias e sobre as ideias alheias, sobre o coração e as mentes das pessoas. O poder econômico controla os bens e os meios de produção – a propriedade deles e o acesso a eles –, com o que obtém força de trabalho e direciona a produção. O poder político, por sua vez, como poder supremo, distingue-se por reivindicar com êxito a exclusividade do uso da força, com a qual garante que decisões obrigatórias sejam acatadas e cumpridas pelos diversos membros de uma comunidade.

Todo agrupamento humano, enfim, também possui meios e recursos mais ou menos "espontâneos" para agir

---

7 ROUSSEAU, Jean-Jacques. Discurso sobre a origem e os fundamentos da desigualdade entre os homens. In: ____. *Rousseau*. São Paulo: Abril, 1973, p.241. (Os Pensadores).

de modo organizado e contrastar as diferentes formas de poder. Tem como determinar as orientações do poder político, apoiá-lo ou modificá-lo. O poder social é uma realidade viva e dinâmica. Nem sempre consegue se impor, mas funciona como "ameaça potencial" o tempo todo. Quanto mais organizada, ciente de seus interesses e consciente de suas reais possibilidades for uma comunidade, mais ela verá aumentada sua potência.

Poder e poder político

O empenho para influenciar, condicionar ou determinar o comportamento de pessoas tendo em vista a modelagem de uma comunidade humana ocupa o centro da sociologia, da antropologia e especialmente da ciência política, que se dedica a estudar de modo concentrado os diferentes aspectos desse fenômeno universal.

Na vida comunitária, sobressaem inevitavelmente as dimensões da escolha e da decisão, tanto em termos individuais quanto em termos coletivos. O poder aqui, portanto, tem que ver com capacidade de escolher e de fazer opções. Quanto mais relevantes socialmente são as questões em relação às quais se escolhe ou se decide, mais nos aproximamos do *poder político*, isto é, do poder que, autorizado por uma coletividade, vale-se da lei e da força para tomar decisões e impô-las a todos.

Não podemos conceber a política sem o poder. Mesmo nas suas formas mais generosas – por exemplo, a da ação que busca emancipar, livrar pessoas da opressão, viabilizar a "boa sociedade" ou resistir a um governo tirânico –, a política é sempre uma atividade balizada pelo poder: por seu exercício, por sua conquista ou por sua derrubada. Toda política se faz a partir do poder, tendo em vista o poder, contra o poder ou em direção ao poder, como observou várias vezes Norberto Bobbio. Isso, porém, não significa que a política seja apenas desejo de poder. Ela é inquestionavelmente poder e interesse, espaço onde indivíduos e grupos postulam a condição de determinar a conduta e as opções dos demais. Mas é também uma aposta nas vantagens da vida coletiva e um espaço no qual se combate para ampliar as margens de liberdade e construir os fundamentos da vida comum. A política é luta de ideias e de valores, esforço para estabelecer e para fazer que prevaleçam projetos de sociedade, modos de organizar a convivência e de resolver conflitos.

O poder político vale-se de um "Estado" – isto é, de um aparato organizacional e de procedimentos legais que autorizam alguém a exercer a autoridade e a coagir – para cumprir suas finalidades. Detém a exclusividade do uso da força, o "monopólio da coerção física legítima", como falava Max Weber.[8] Por isso, é o poder supremo – o poder soberano –, ao qual todos os membros de uma comunidade se subordinam. Como tal, porém, ele não é expressão pura da força, nem a força é exclusivamente constrição física. Restrições, vínculos e punições legais – a força da lei –, operações administrativas e providências institucionais também funcionam como decisivos recursos de poder. A coerção física (a prisão, o castigo, a violência) é uma espécie de recurso extremo, mais uma "ameaça" que uma prática rotineira. O específico do poder político é o fato de que ele reivindica – e obtém – o direito de ser o centro das decisões em última instância numa dada comunidade. Suas decisões são, nessa medida, vinculatórias: obrigam todos a obedecê-las. O poder político, em suma, admite que se faça oposição a ele, mas não que se aja para destruí-lo ou desrespeitá-lo, nem muito menos que não se cumpram suas determinações.

---

8 WEBER, Max. *A política como vocação*, op. cit.

Esse poder é, em princípio, consciente e intencional, uma vez que se afirma mediante decisões tomadas deliberadamente, com base em cálculos e ponderações e tendo em vista o alcance de fins previamente estabelecidos. Mas há muitos casos em que as condutas alheias são condicionadas por fatos ou eventos que não decorrem de decisões deliberadas, mas sim de consequências involuntárias de decisões não intencionais.

A fixação de metas de crescimento econômico ou de inflação é um bom exemplo disso. O crescimento pode ocorrer, em uma comunidade, sem que haja qualquer política deliberada que o promova. Pode, digamos assim, derivar da ação das "forças do mercado" ou ser a resultante de decisões de investimento isoladas, fortuitas. Neste caso, fica fora do controle social, submetido portanto tão somente às várias vontades individuais que o impulsionaram, mas não a uma vontade coletiva organizada ou a uma decisão política socialmente negociada e construída. Fora de controle, pode se manifestar como um crescimento insuficiente ou deletério: destruidor da natureza e benéfico apenas para alguns segmentos sociais, em vez de impulsionador do progresso sustentável de toda a comunidade.

Quando, ao contrário, o crescimento econômico é convertido em alvo de decisões deliberadas, dizemos que se torna parte de uma política: é "extraído" da espontaneidade social e alojado na esfera do Estado, do governo, da política.

Mas é evidente que decisões políticas desse tipo não são tomadas exclusivamente (nem predominantemente) por aqueles que ocupam as principais posições jurídicas e governamentais ou por aquelas forças políticas e partidárias que prevalecem em um dado sistema político. Um presidente da República, um governador de estado, um ministro ou uma maioria parlamentar são, muitas vezes, levados a agir (e a fazer escolhas) em decorrência de decisões tomadas

POTÊNCIA, LIMITES E SEDUÇÕES DO PODER

por outros protagonistas ou em outras sedes que não as governamentais. A decisão de aumentar ou reduzir as taxas de juros, por exemplo, pode decorrer de pressões externas a um determinado país ou de deliberações feitas por grupos de empresários, banqueiros ou trabalhadores reunidos em entidades associativas. Muitas vezes um governo age porque a oposição o força a agir, ou porque a movimentação social exerce pressão suficiente para impeli-lo numa ou noutra direção. Nem sempre, portanto, aquilo que identificamos como *poder político*, ou como esfera da política em sentido estrito, tem efetivamente *poder*.

Isso é verdade sobretudo quando se leva em conta a estrutura mais geral em que o poder político é exercido. Numa ditadura, é evidente que o núcleo central do poder tem muito poder: decide efetivamente sobre inúmeras questões cruciais, e com isso produz impactos e efeitos expressivos sobre milhares ou milhões de vidas. Um ditador decide muito mais do que os indivíduos que a ele se submetem e muito mais do que seus adversários. Impõe sua vontade (ou a do seu grupo) ao mesmo tempo em que impede que as demais vontades se manifestem e se realizem.

Numa democracia, por sua vez, o poder está, no mínimo, submetido a algum tipo de controle ou contenção. Nela, as decisões costumam nascer de consensos que se formam a partir de múltiplos acordos e negociações, em diferentes fóruns e a partir de distintos pontos de vista. Não há, evidentemente, equilíbrios e igualdades consistentes a ponto de neutralizar por completo o poder político central, mas é inegável que sociedades mais diferenciadas e complexas tendem a ser mais "poliárquicas" e plurais, isto é, a viver sob a influência recíproca de diversos núcleos de poder, que de certo modo controlam-se.

Poliarquia, aliás, expressão normalmente associada às ideias do cientista político Robert Dahl, quer dizer exatamente isso: múltiplos (*poli*) focos de domínio ou de governo (*archía*) concorrendo entre si. Distingue-se claramente da tirania (poder de um déspota ou de um tirano), da oligarquia (governo de poucos ou dos mais ricos), da aristocracia (o domínio dos melhores) e da democracia (poder do povo, de todos). Uma poliarquia, porém, pode funcionar de modo oligárquico, na medida em que os grupos que se controlam vierem a se constituir como agregações fechadas, voltadas exclusivamente para seus próprios interesses e refratários à participação dos demais membros da sociedade. Só a análise concreta das situações pode determinar quando uma situação "pluralista" é de fato democrática, por exemplo.

A "desconcentração" do poder também pode ocorrer como consequência de alterações que reduzem o grau de controle que as estruturas governamentais têm sobre o território ou sobre a movimentação das pessoas que são governadas. Quando um sistema político não pode mais contar com cidadãos "localizados" – isto é, fixados em seus locais de vida, moldando suas consciências e suas vontades a partir daí –, é evidente que ele perde poder, pois deixa de poder "controlar" seus integrantes. Quando os territórios são afetados por muitos fluxos (comerciais, de informação, culturais, políticos) ou sofrem os efeitos de decisões tomadas por diferentes atores ou protagonistas, ou simplesmente não podem ser objeto de decisões governamentais voluntárias e soberanas, não há como negar que ocorre um declínio em termos de poder: passa-se a viver sob os efeitos de uma rede de poderes cruzados, que se remetem o tempo todo uns aos outros. Reduz-se assim o poder que Estados e governos detêm sobre os territórios, e os diferentes poderes concorrentes passam a ter, cada um deles, uma menor dose de poder efetivo.

Podemos imaginar, por fim, que a política perde poder quando a democracia avança e se combina com processos que alteram os equilíbrios sociais e a relação mesma das pessoas com o poder. É o que acontece hoje, quando a democratização se articula com uma forte individualização e com a generalização de uma cultura mercantil que leva os indivíduos a prezar ao máximo seus interesses e a investir tudo o que puderem em sua própria capacidade de se viabilizar na vida. Há também, como sabemos, maior comunicação e maior troca de informações, com o que a vida se torna relativamente mais independente das decisões tomadas nas instâncias formais de governo ou de gestão. Difunde-se desse modo uma sensação de que tudo aquilo que é Estado, governo e política funciona na verdade como um ônus para a liberdade de iniciativa das pessoas e dos grupos, na melhor das hipóteses como um mal necessário, que deveria contar muito mais com a reprovação e a dúvida do que com a adesão ou o apoio.

A época atual assiste ao cruzamento potencializado desses processos. Temos ao mesmo tempo mais democracia e mais individualização, mais conectividade e mais "deslocalização". Chamamos essa fase de *globalização*. A expressão é simplificadora e imperfeita, pois acentua unilateralmente a dimensão cosmopolita adquirida pela vida e privilegia a esfera financeira, do intercâmbio comercial e das comunicações, nem sempre facilitando a que se dê devido destaque aos componentes mais substantivos da experiência humana. Independentemente do maior ou menor valor da expressão, porém, é inegável que vivemos cortados por processos novos, que estão a mudar e a complicar o modo mesmo como organizamos nossas atividades, nos relacionamos, pensamos e nos governamos. Não dá para o fenômeno do poder – ou seja, da gestão, do governo, do Estado, da dominação – permanecer imune a isso, como veremos.

2 O lugar do poder na sociedade globalizada

Não há como deixar a globalização fora de um discurso sobre o poder.

Para começar, é preciso questionar a validade do argumento de que não teríamos, hoje, nenhuma situação revestida de particularidade ou "novidade", mas apenas a mesma reiteração do capitalismo. É tão difuso o uso do termo "globalização" que muitos preferem excluí-lo do léxico científico contemporâneo, negando-lhe rigor e vendo-o apenas como um expediente discursivo destinado a camuflar a natureza eminentemente capitalista da ordem atual. Globalização, afinal, teria havido sempre, sobretudo desde os primórdios do capitalismo, um modo de produção inquestionavelmente mundial e mundializador.

Não avançaremos se continuarmos a dizer que a globalização "sempre existiu". São muitas as coisas que "sempre existiram": a aventura humana é, no fundo, uma constante reposição, ainda que seja sempre mais complexa e abrangente. As comunidades humanas tendem a romper fronteiras, a buscar novos espaços e a "conquistar o mundo", afastando-se da condição provinciana. Tal tendência, como se sabe, foi amplificada com o aparecimento do capitalismo, que nasceu desde logo como um sistema econômico e social concentrado na produção intensificada de mercadorias e na acumulação de capital e, portanto, na procura incessante por mercados e consumidores. Mas aquilo que é tendência geral não é uma mola que se repete mecanicamente ao longo do tempo e não explica aquilo que é específico de cada época. A história humana não pode ser tratada como se fosse um processo no qual apenas existiria "mais do mesmo". Cada época recebe um legado, mas também cria um legado: dá sequência ao que se fazia antes ao mesmo tempo em que transforma as condições anteriores ao fazer de modo diferente aquilo que se fazia antes.

Em suma, sempre tivemos globalização, mas jamais tivemos uma globalização como a atual. Estamos diante de um movimento novo, de reposição radicalizada do capitalismo, fato que nos põe em contato com um processo particular, do qual está nascendo um modo de vida particular.

Poder do mercado ou poder do Estado?

Para entender aquilo que singulariza a globalização atual, precisamos superar os determinismos rígidos, de tipo monocausal. Não estamos diante de um processo em que o "econômico" (o mercado, o capital) e o "tecnológico" (a inovação acelerada, as tecnologias da informação) joguem o único ou mesmo o principal papel. A globalização é seguramente multidimensional e suas "causas" devem ser buscadas na articulação dos planos e das determinações que a compõem. Tão importante quanto a constituição de um poderoso mercado mundial e o predomínio avassalador de um capitalismo global é a formação de espaços transnacionais que ultrapassam as fronteiras e o raio de ação dos Estados nacionais. Operam com igual força a globalização cultural, a da comunicação e a da informação, assim como os primeiros ruídos de uma "sociedade civil mundial" e a globalização do crime.

A globalização é simultaneamente um processo objetivo e uma disputa ideológica.

Há uma dura batalha de ideias para determinar quem conduzirá a organização da sociedade mundial que está se constituindo. Os neoliberais, beneficiados pelas circunstâncias prevalecentes e pela vitória momentânea dos pressupostos do capitalismo (livre concorrência, indivíduo possessivo, acumulação de capitais, apropriação privada dos lucros), conseguiram convencer muita gente de que o mercado mundial fornece o molde para que as pessoas e os governos organizem suas vidas e suas atividades.

O neoliberalismo é uma contrafação do liberalismo clássico, quer dizer, é uma imitação fraudulenta dos antigos princípios liberais. Seus temas são os mesmos: indivíduo soberano, propriedade privada, direitos concentrados na pessoa, limitação do Estado. Porém, enquanto os liberais propriamente ditos valorizam a democracia, a cidadania e a liberdade política e são, nesta medida, propositores de uma utopia generosa, os neoliberais veem o mundo pelas lentes exclusivas da economia e do mercado, empurrando para os bastidores toda a dignidade ética e política do liberalismo. São mais "liberistas" (livre-cambistas) que liberais. Os verdadeiros liberais querem construir uma sociedade baseada em suas convicções e utopias. Os neoliberais, ao contrário, são "desconstrutores". Expressam o capitalismo radicalizado, sedimentado como sistema e espalhado pelo mundo. Lutam contra a democracia de massas, contra as conquistas sociais dos trabalhadores e contra o controle político do mercado, ou seja, contra muitas coisas construídas com o concurso parcial dos liberais democratas, que progressivamente, a partir do início do século XX, foram aceitando certas propostas socialistas e adotando medidas de proteção social, planificação e moderação do mercado. Para falar de modo mais direto, o alvo dos neoliberais é o Estado de bem-estar social, que chama para si as mais importantes decisões econômicas, fortalece o setor público, promove a negociação política entre os interesses e organiza um sistema de serviços voltados para a defesa e a valorização dos direitos sociais de todos os cidadãos.

Os neoliberais são conservadores e muitos chegam mesmo a ser reacionários. Representam a atualização de uma das correntes em que se dividiu o liberalismo no correr do século XIX. Os democratas evoluíram abrindo-se para a participação política, para o sufrágio universal, para a atenuação das desigualdades derivadas do mercado. Os conservadores, por sua vez, concentraram-se na fixação de limites à participação e ao poder do Estado, na valorização extrema do indivíduo possessivo e da liberdade do mercado, na proteção intransigente da propriedade privada. Temerosos dos efeitos que poderiam advir da entrada em cena das massas e de suas organizações (partidos e sindicatos), fecharam-se na defesa de políticas sempre mais restritivas e privatizantes. Na sua cabeça, a própria sociedade – ou, mais ainda, a livre concorrência – se encarregaria de "selecionar" os grupos e os indivíduos mais "aptos", premiando-os e incentivando-os. Com isso, a sociedade iria se equilibrando, mais ou menos como Darwin imaginava que ocorria na natureza e na evolução das espécies.

O neoliberalismo defende que o poder do mercado é mais importante do que o poder do Estado, que a dinâmica econômica dispensa e substitui a ação política, que, portanto, deveríamos todos viver de costas para Estados e governos, indiferentes a partidos, a parlamentos e a regulamentações legais. Isso tem conseguido se impor como ideologia dominante, mas a ideia de que as sociedades modernas precisam contar com Estados ativos, regulação e políticas sociais permaneceu viva. Muitos países continuam mantendo sólidos e eficientes sistemas de proteção social (educação, saúde, assistência, habitação, previdência). Além do mais, a luta em defesa de direitos sociais ameaçados ou em favor de novos direitos continua a mobilizar multidões no mundo todo, complicando e de certo modo desmentindo a validade das pretensões neoliberais.

Em resumo, apesar de dominante, o neoliberalismo sofre o confronto de outras proposições e de outras ideias, mais preocupadas em resgatar a essência humana da experiência histórica, em estabelecer, no mundo, uma lógica menos competitiva e mais solidária, em buscar extrair da conectividade global todas as oportunidades para uma reformulação generosa do modo como vivem os povos. A cada dia parece crescer mais o espaço daqueles que postulam que uma "outra globalização é possível", como anuncia, por exemplo, um dos *slogans* do Fórum Social Mundial, encontro anual que reúne um vasto leque de representantes deste modo alternativo de pensar.

Esta é a grande disputa ideológica dos nossos dias. Ela se destina a decidir que ideias e que interesses comandarão o *processo objetivo* da globalização, que nos obriga a reconhecer que vivemos efetivamente em uma sociedade mundial, na qual não há mais isolamento e as experiências sociais se entrecruzam intensamente. Todas as descobertas, todos os triunfos e todas as catástrofes atingem e produzem impacto no planeta como um todo. Tudo o que se passa no mundo, numa região distante ou numa pequena localidade invisível no mapa nos alcança, pode nos interessar e nos perturbar. Da tela de nossos computadores ou de nossos televisores, sabemos de tudo e "viajamos" por lugares que sequer podemos almejar conhecer de fato.

Nesse cenário, os Estados nacionais ficam submetidos a toda sorte de pressões e restrições. Sua soberania, suas estratégias de inserção, suas redes de comunicação, suas estruturas e suas perspectivas de poder acabam por ser condicionadas pela movimentação, pelos projetos e pelos interesses de inúmeros atores transnacionais, alguns dos quais extremamente poderosos.

As partes constitutivas, as estruturas e os símbolos dos Estados nacionais ficam desencaixados, como se girassem em falso ou não pudessem encontrar um terreno sólido para se firmar. Os parlamentos deixam de funcionar bem, causando seguidas decepções nos eleitores. Os governos governam pouco e nem sempre são eficientes em sua ação. Os partidos políticos perdem coerência programática e mergulham em graves crises de identidade. Políticos, governantes e administradores embaralham-se numa rotina de atos e procedimentos artificiais, impotentes diante das induções da integração global. Valores e projetos nacionais perdem força e capacidade de referenciar as consciências e o imaginário social. O próprio Estado – como aparato de intervenção, como expressão jurídica e como parâmetro ético-político – fraqueja, deixando as comunidades sem um "filtro" com que moderar os efeitos da globalização e decidir de que maneira se integrar no mundo.

Os Estados são constrangidos pelo capital financeiro, pelas agências internacionais, pelas redes e pelos fluxos globais, por suas próprias sociedades repletas de demandas. Precisam fazer esforços enormes para permanecer ativos no plano externo e para manter viva sua capacidade de resposta no plano interno. Pressionados por todo lado, os governos "privatizam" pedaços do Estado, "descentralizam" e transferem atribuições, em parte para responder a reivindicações locais e regionais, mas em parte também para ver se conseguem refrear a insatisfação que nasce da desconfiança dos cidadãos.

A riqueza global se acumula na mesma velocidade em que se preservam ou se disseminam formas variadas de pobreza local. Cerca de 300 multimilionários possuem renda superior a tudo o que é acumulado por 2,3 bilhões de habitantes da Terra. Aproximadamente 17 milhões de pessoas morrem a cada ano de doenças como malária, diarreia ou tuberculose. Por volta de 800 milhões não comem o suficiente e mais de 500 milhões sofrem de subnutrição crônica. Quase um terço da população mundial (1,3 bilhão de pessoas) vive na pobreza.

Não há regras categóricas estabelecidas e respeitadas, apenas "janelas de oportunidades", como se costuma dizer. Muitos espaços locais (ou subnacionais, uma vez que integram Estados nacionais e subordinam-se a eles) movem-se animados pelo desejo de contrastar uma "ordem mundial" marcada pela indiferença, pela agressividade, pela violência. Comunidades inteiras sentem-se prejudicadas pelas forças globais e, como não conseguem encontrar respostas dos governos a que estão submetidas, amplificam suas demandas de autonomia e vão de alguma forma à luta.

Os fatores de "desagregação" e de quebra de hierarquias institucionais são poderosos. O ímpeto de defender identidades e tradições ameaçadas é igualmente potencializado até mesmo como meio de resistir a mudanças que não podem ser controladas. O fundamentalismo e o sectarismo surgem, assim, como uma tendência inscrita na própria lógica da globalização.

Ao mesmo tempo, porém, como se contrastasse e freasse tal tendência, percebe-se que a movimentação geral também contém uma orientação distinta, de natureza cosmopolita e receptiva à expansão da democracia participativa em nível global. Hoje, agem no mundo não apenas os Estados nacionais, mas também inúmeras outras formas de "associação": cidades, regiões, movimentos políticos e redes globais. E não há por que duvidar que, dessa pluralização e dessa efervescência, não possam surgir vetores positivos e ações afirmativas voltados para a composição democrática de uma efetiva ordem mundial.

O poder do rock

A sociedade mundial em constituição não tem propriamente uma cultura global a ela vinculada, sobretudo se pensarmos nisso como sendo a expressão de um esmagamento das distintas culturas locais, regionais ou nacionais. É verdade que, impulsionada pela dinâmica global dos negócios, uma espécie de "cultura McWorld" batalha para que se constitua uma sociedade universal composta somente "por essa nova raça de homens e mulheres que são os consumidores", como escreveu certa vez o cientista social Benjamin Barber. Além disso, o aumento das comunicações e o maior intercâmbio de informações criam inúmeros incentivos para que os distintos valores culturais se aproximem e se misturem. Tem-se assim a impressão de que há uma única língua no mundo, de que se come uma única comida e se cantam as mesmas canções em todos os cantos. É uma impressão que corresponde à realidade e a reflete, na medida em que a globalização não diminuiu a diferença de potência entre os Estados, nem eliminou o fenômeno da hegemonia, isto é, da capacidade que alguns atores sociais têm de dirigir culturalmente (ou seja, pelos valores e pelas ideologias) os demais. Há de fato um predomínio de certos hábitos e comportamentos, e não é por acaso que o inglês é uma espécie de língua global. Mas a situação geral é mais complicada.

A redução das distâncias, a maior facilidade para viajar e se deslocar no espaço, as conexões em tempo real, a visualização de cenários simultâneos, a inclusão em redes digitais das mais diversas manifestações culturais produzem uma imaginação solta em relação aos territórios e aos Estados nacionais. Todas as pessoas e todos os grupos ficam muito mais disponíveis em termos intelectuais, éticos e comportamentais. Uma cultura virtual aparece, tanto sob a forma de uma cultura elaborada e alimentada por meios virtuais quanto sob a forma de uma cultura que se afirma num espaço supraterritorial: o ciberespaço. Impulsionada pela força e pela extensão dos novos sistemas de comunicação, dissemina-se aquilo que o sociólogo espanhol Manuel Castells chamou de "cultura da virtualidade real, onde o faz de conta vai se tornando realidade".[1]

Nesse movimento, alguns valores já mundializados (como o *fast-food*, a música e o cinema norte-americano) tendem a aumentar sua influência e são ainda mais incorporados pelas pessoas, mas não há nada que se aproxime de uma homogeneização cultural. As práticas cotidianas dos povos, enraizadas em territórios e em histórias reais, passam a ter de lidar com novos ingredientes, pressões e circunstâncias. Entram em contato com outras "informações" culturais, assimilando-as e convertendo-as em material para reelaborar seus próprios conhecimentos e experiências. Nessa dialética, também vão se expondo aos outros, comunicando-se mais e afirmando-se como identidade. No final de tudo, tem-se mais consciência das diferenças, maior aceitação daquilo que distingue uns e outros, maior respeito pela especificidade de cada um e, ao mesmo tempo, maior integração.

O caso do rock é bem ilustrativo. A música é norte-americana, como sabemos, mas apenas porque nasceu nos Estados Unidos, por volta da metade dos anos 1950. Jamais

---

1 CASTELLS, Manuel. *A sociedade em rede*. Tradução de Roneide Venâncio Majer. São Paulo: Paz e Terra, 1999, p.398.

foi uma manifestação artística exclusivamente americana e muito menos favorável ao "sistema". Desde sempre bebeu nas raízes do *blues*, do *gospel*, da música negra dos escravos. E tão rapidamente quanto ganhou o coração dos *teenagers* norte-americanos espalhou-se pelo mundo inteiro como um rastilho de pólvora, encontrando mil e uma releituras.

Com os Beatles e os Rolling Stones, o rock tornou-se britânico nos anos 1960 e desde então nunca mais foi o mesmo. Abraçou o movimento *hippie* e a luta contra a guerra dos Estados Unidos no Vietnã. Encontrou-se depois com o *soul*, com o *reggae*, com a música japonesa, com a cítara de Ravi Shankar, com os tambores africanos, as cordas da Sinfônica de Londres e os ritmos caribenhos, com os povos berberes do deserto e a cultura celta. Podem-se discutir suas qualidades propriamente musicais, mas é inegável que o rock se converteu numa linguagem universal, criou um estilo e uma atitude mundiais. Virou plataforma de contestação e de mobilização antissistêmica, como nos megaconcertos de Woodstock (1969) e Live Aid (1985) e ainda hoje mobiliza "rebeldes" nos festivais tipo Rock in Rio e congêneres. No início da década de 1980, com o surgimento da MTV, a disseminação chegou à grande rede global de entretenimento, arrastando milhões de jovens dos mais diferentes países. E em cada lugar, em cada pedaço do mundo, o rock foi assimilado de um modo particular, incorporando as particularidades e a originalidade das culturas locais. Surgiu assim o vasto universo da cultura pop, onde o *rap*, o *funk*, o *drum'n'bass*, o *hip-hop* e o *techno* convivem e vão ganhando cores distintas.

Aconteceu o mesmo com o *jazz*, com o tango, com o samba. A música *fusion* tem a cara da sociedade mundial em constituição. É como se, pelas ondas da mistura musical incessante, alguns valores-padrão e algumas maneiras comuns de agir, pensar e sentir fossem dando origem àquilo que Edgar Morin chamou de uma "quase cultura planetária",[2] formada a partir de temas originais provenientes de culturas diferentes, ora renovadas, ora sincretizadas. Na verdade, é muito difícil imaginar que se possa ter homogeneização quando se trata de arte, cultura e pensamento. Nesse terreno, os processos de mundialização tendem mais a potencializar tudo aquilo que é "nacional" e a promover uma espécie de fecundação recíproca entre as culturas, que vão assim gerando os "filhos planetários" de que fala Morin.

Em suma, o que costumamos chamar de globalização não é uma novidade passageira ou algo sem maior consistência. O conceito pode ser ruim, pouco preciso e gerar mais confusão que esclarecimento. Mas o fato real está aí e não há como fugir dele. O que estamos presenciando, na verdade, é a formação de um novo modo de vida. Ele não se ergue sobre as cinzas do padrão socioeconômico anterior (o capitalismo), nem interrompe a aventura da modernidade, mas, ao contrário, dá um radical prolongamento a tudo isso.

A modernidade se radicaliza

O quadro que procuramos traçar até agora sugere uma conclusão: a modernidade já não é mais a mesma. Mas será que ela não se esgotou, cedendo lugar a uma condição "pós-moderna"? É interminável a polêmica em torno disso.

A sociedade moderna trouxe consigo um *projeto* de inspiração iluminista: o progresso seria conseguido mediante o uso da razão e um contínuo diálogo crítico com as tradições e com a história passada. *Racionalismo, individualismo* e *universalismo* forneceriam a base para que a humanidade crescesse e avançasse. A emancipação viria na medida em

---

2   MORIN, Edgar. Para além da globalização e do desenvolvimento: sociedade mundo ou império mundo? In: CARVALHO, Edgard de Assis, MENDONÇA, Terezinha (Orgs.). *Ensaios de complexidade 2.* Porto Alegre: Sulina, 2003. p.8.

que as consciências se libertassem da magia e passassem a usar a razão e a ciência para aumentar a eficiência das sociedades humanas. Decorreria de um esforço de individualização, que desprendesse o homem das amarras sociais, e de um movimento que rompesse fronteiras e incluísse todos os seres humanos numa mesma experiência universal.

Dado que a bússola seria fornecida pela ciência e pelo conhecimento, não pelas crenças tradicionais ou pelos hábitos do coração, os indivíduos deveriam ser livres e autônomos, capazes de pensar por si mesmos, sem a tutela de ninguém. Deveriam ser adequadamente educados e qualificados para se organizar coletivamente e agir em comum, beneficiando uns aos outros. A indústria asseguraria a produção dos bens materiais necessários e forneceria, por isso, a base para a constituição da ordem social. Desenvolvimento econômico, inovação técnica e progresso estariam assim soldados num mesmo movimento evolutivo. A racionalização garantiria aumento de eficácia e decisões mais "frias" e consistentes em termos de custo e de benefício.

A sociedade moderna anunciou-se como móvel, dinâmica e aberta, e de fato evoluiu nesse sentido; explosões demográficas, grandes deslocamentos populacionais no espaço, alterações constantes da posição dos indivíduos e dos grupos na escala social, a cidade e a indústria sobrepujando o campo e a agricultura. Por mais que as grandes massas tenham permanecido no chão duro da vida, houve efetivamente, ao longo dos últimos três séculos, muita ascensão social, muita melhoria, muito progresso e muita modernização. A vida ficou de fato "pós-tradicional", como fala Anthony Giddens.[3]

---

3 GIDDENS, Anthony. A vida em uma sociedade pós-tradicional. In: BECK, U., GIDDENS, A., LASH, S., *Modernização reflexiva:* política, tradição e estética na ordem social moderna. Tradução de Magda Lopes. São Paulo: Editora UNESP, 1997.

A modernidade impulsionou a progressiva diferenciação das sociedades:mais grupos, mais interesses, novas formas de associação. As estruturas sociais tornaram-se complexas e a estratificação passou a contar com um maior número de graus e estratos sociais. Ao mesmo tempo, a forma básica do associativismo se deslocou: passou a ter como referência, cada vez mais, o mundo do trabalho, acompanhando a centralidade adquirida pela indústria. As classes sociais ganharam maior consistência e passaram, de fato, a modelar a sociedade. Trabalhadores e patrões polarizaram-se em torno de projetos distintos de organização e de convivência. Os sindicatos cresceram a partir disso e ao final do século XIX já exibiam parte da força com que iriam ingressar no século seguinte, ao menos nos países capitalistas mais desenvolvidos. Também veio dessa centralidade da indústria e do trabalho o impulso para o aparecimento e a progressiva expansão do partido político, que surgiu como veículo da postulação operária por uma maior participação na vida política moderna e, ao mesmo tempo, como reflexo direto do crescimento das lutas pelo socialismo, elas também animadas pela vida industrial.

O projeto moderno é inseparável da democracia. Democracia representativa, antes de tudo. O povo, ou seja, o conjunto dos cidadãos de um Estado, foi elevado à condição de soberano: o poder a ele pertence e em seu nome é exercido – passaram a rezar as constituições modernas. O exercício do poder seria, porém, transferido para representantes do povo livremente eleitos. Progressivamente, formas diretas de participação e de poder popular foram sendo inventadas, e a democracia representativa foi-se fazendo acompanhar de ganhos consistentes em termos de democracia participativa. O liberalismo inicialmente e depois o socialismo incorporaram-se a esse movimento, convertendo-se nas duas maiores tradições ético-políticas da modernidade.

O Estado também adquiriu outra dimensão e outra substância. Antes de qualquer coisa, tendo necessidade de defender a soberania territorial conquistada e de organizar as populações como nacionalidades unificadas por um destino comum, cresceu como efetiva "máquina" política, jurídica e administrativa. Tornou-se representativo e constitucional, passando a ser dirigido por pessoas que se obrigavam a uma constante remissão ao povo. Num primeiro momento (século XVIII e XIX), seu aparato se limitou a proteger a propriedade e a criar condições para o funcionamento dos mercados. Mais tarde, esse aparato foi empregado para proteger a sociedade, melhorar as condições de vida dos pobres, garantir direitos de cidadania, viabilizar o investimento privado e dar suporte à expansão do capital.

Progressivamente, portanto, o aparato estatal foi crescendo e se tornando responsável por uma maior quantidade de funções e atribuições. A *burocracia* o acompanhou nesse movimento: também ela, como modelo organizacional, deitava raízes na lógica racional da indústria moderna. Eficiência, impessoalidade, formalismo e hierarquias rígidas tornaram-se fatores de organização tanto na esfera estatal quanto no mundo das empresas.

Pois bem, o que ocorre de algumas décadas para cá é que a modernidade ingressou numa fase de turbulência e radicalização. Seu projeto passou a ser posto em xeque pelos novos termos da vida. Formas agudas de particularismo, de conformismo e de despolitização reapareceram de modo preocupante. O fanatismo e o fundamentalismo exibem tanta força quanto o retorno de crenças e práticas desprovidas de maior fundamento racional, como a astrologia, a mediunidade, a autoajuda. Movidas por tecnologias velozes, pelo predomínio do econômico, pela mixórdia simbólica da vida cotidiana, as sociedades modernas parecem estar se distanciando das razões iluministas que as fundaram.

A violência, a insegurança e o medo assemelham-se ao clima reinante na Idade das Trevas. A ciência é exuberantemente produtiva, mas seus frutos não chegam ao conjunto dos habitantes da Terra. O próprio desenvolvimento parece ter perdido sentido. Quando acontece, não consegue fixar limites para si, e em nome da necessidade de aumentar ao infinito a produtividade acaba por dilapidar a natureza e por violentar as pessoas. Muitas vezes, ele nem acontece e é substituído por políticas de ajuste e de estabilização, empurrando comunidades inteiras para o abismo da recessão e do desemprego.

Por outro lado, os processos típicos da modernidade ganharam potência e aprofundamento. Há mais fragmentação, mais diferenciação, mais individualização, para falar daquilo que se percebe com maior facilidade. Mas também aqui não temos "mais do mesmo". Ao se radicalizarem, tais processos ganharam contornos novos e passaram a produzir efeitos distintos, além de se interpenetrarem de maneiras muitas vezes surpreendentes.

Ainda continuamos girando em torno do trabalho, do emprego e da produção industrial, mas as modificações nesse terreno são gigantescas. Indústrias, bancos e comércio deixam de ser atividades parcelares, separadas. Integram-se cada vez mais. O comércio eletrônico expande-se rapidamente, assim como os serviços bancários *on-line*. A informalidade avança sem resistência, as jornadas de trabalho tornam-se flexíveis, o *part-time job* (isto é, o emprego em meio período) é praticado por milhões de pessoas, novas profissões e novos modos de ganhar a vida se generalizam com enorme rapidez. Declinam as carreiras estáveis, a segurança no emprego, os próprios ganhos salariais. A incerteza e o risco se convertem em algo inerente à vida, quebrando com as certezas da razão e forçando a revisão dos modelos "tradicionais" (burocráticos) de organização e de planejamento das atividades. O próprio "caráter" do trabalhador – ou seja, sua identidade como pessoa e sua capacidade de traçar um plano para a vida – sofre abalos expressivos, como observou o sociólogo americano Richard Sennett.[4] Para os mais jovens, é uma situação dramática, que embaça o futuro e angustia.

Tudo se tornou balizado pelo critério da velocidade. "Bons" são os rápidos, para desgraça dos mais lerdos. As pessoas recebem mais informações e processam tais informações com grande rapidez, seja porque dispõem de computadores velozes, seja porque as ondas de informação se sucedem em intervalos sempre mais curtos. Isso tudo, por si só, exige múltiplas adaptações nos diferentes planos da vida: na família, na escola, no trabalho, no amor, na cultura. Os modelos entram em crise. A própria racionalidade instrumental típica da modernidade – aquela com a qual se acelerou ao extremo o desenvolvimento industrial – não consegue mais dar conta da situação. A burocracia, um de seus produtos mais típicos, perde bastante da sua capacidade de se reproduzir.

Quanto mais a modernidade se aprofundou e foi chegando ao final do século XX, mais ela foi liberando os indivíduos, alterando os modos de pensar e modificando as relações entre homens e mulheres. A revolução feminina é a melhor prova disso. Ela não apenas libertou a mulher da tirania secular do macho e da arrogância masculina, como deu outra consciência e outra desenvoltura à mulher, que foi literalmente à luta. Ingressou no mercado de trabalho e passou a desafiar o domínio do homem-provedor na vida familiar. Tendo de trabalhar e querendo se afirmar nesse universo

---

4 SENNETT, Richard. *A corrosão do caráter*. Consequências pessoais do trabalho no novo capitalismo. Tradução de Marcos Santarrita. Rio de Janeiro: Record, 1999.

até então masculino, a mulher passou a lidar de outro modo com a gestação, planejando-a e eventualmente recusando-a. Contou para isso com os extraordinários avanços médicos e científicos na área da anticoncepção, da fertilização artificial e da manipulação genética. Redefiniu suas obrigações domésticas e passou a exigir a divisão delas com os homens. A mulher foi-se proclamando dona de seu desejo, de seu corpo, de sua vida, de seu tempo.

A velha família patriarcal – assentada no poder e na autoridade do pai sobre a mulher e os filhos – ingressou assim em profunda crise. Tudo foi pelos ares: os papéis de cada um, as preferências, a duração dos casamentos, a sexualidade, o modo de educar os filhos. A liberação sexual, o questionamento da heterossexualidade como norma, as novas formas de relacionamento, as famílias homossexuais e de solteiros são a expressão cabal dessa reviravolta. É uma mudança fortíssima em termos da distribuição de poder.

O individualismo continuou a se expandir, para o bem e para o mal. Hoje ele se combina com indiferença e com egoísmo, com disposição para levar vantagem em tudo, com má vontade para compartilhar a vida pública e "suportar" o peso do viver coletivo (pagar impostos, dividir espaços, valorizar os bens comuns, respeitar a comunidade, poupar água e energia, selecionar o lixo, reduzir o barulho etc.). Mas tem também uma outra face, mais próxima da individualidade, do desejo de pensar com a própria cabeça, de ter uma vida privada de melhor qualidade, de não ser obrigado a cumprir certas rotinas ou a aceitar certas decisões.

A valorização da individualidade pode facilitar a formação de um individualismo solidário e cooperativo. Não é inevitável que isso aconteça, mas não há nada que associe mecanicamente individualidade, egoísmo e indiferença. Afinal, para que eu possa ter uma boa vida pessoal ou familiar, é preciso que eu ajude a tornar boa a vida de todos. Não posso ser feliz se não houver um acordo geral que me garanta a felicidade. Refugio-me na vida privada para escapar um pouco das pressões e das dificuldades da vida moderna, mas meu refúgio somente será eficiente se progressivamente eu for agindo para criar cidades e ambientes comuns mais saudáveis.

Neste ponto, a individualidade cruza com a democratização. Todos querem participar das decisões que lhes dizem respeito, opinar sobre todas as coisas, discutir os mais diferentes assuntos, explorar as informações e duvidar de tudo. A democracia avança como cultura, ainda que aos trancos, de modo imperfeito, dando margem a que muita gente se valha dela para praticar atos antidemocráticos ou criar situações de "bagunça" e ausência de decisões. Seja como for, os indivíduos se tornam "reflexivos" e transferem "reflexividade" para os ambientes em que atuam, como se poderia dizer fazendo uso livre de um conceito caro aos sociólogos Ulrich Beck e Anthony Giddens.[5] Tudo, em todos os lugares, passa a estar em discussão o tempo todo, a ser um permanente objeto da reflexão de todos e a refletir em tudo. Há muito *reflexo* e muita *reflexão*.

A consequência disso é tripla. Por um lado, há mais opiniões e mais pontos de vista a serem considerados, o que em princípio enriquece a democracia. Por outro lado, a discussão permanente prolonga o tempo de deliberação e dificulta bastante a definição das agendas, isto é, daquilo que deve ser privilegiado como prioritário por uma dada associação ou comunidade. Por fim, uma sociedade em que cada ato reflete e repercute em tudo torna-se ela própria instável e envereda por uma espécie de "autodestruição criativa" (Beck) que aumenta sobremaneira a turbulência.

---

5   BECK, U., GIDDENS, A., LASH, S., *Modernização reflexiva*: política, tradição e estética na ordem social moderna. op. cit.

A política perde poder

E quanto ao poder? Como fica ele nesse contexto de modernidade radicalizada?

Não seria preciso acrescentar muita coisa. Antes de tudo, os que detêm poder ou ocupam cargos revestidos de poder ficam obrigados a um esforço adicional para obter algum grau de obediência às suas decisões. Perderão tempo se tentarem usar a força para impor suas "ordens". Também não terão muito sucesso se apelarem para modelos rígidos, hierarquias fechadas e manobras de bastidores. Os ambientes não se mostrarão muito receptivos a isso. Aquele que pretende exercer poder, de certa forma, se quiser ter êxito, obriga-se a ser mais modesto e menos arrogante, a agir mediante o diálogo e a busca de deliberações que envolvam o maior número possível de opiniões, pontos de vista e interesses. Em vez de insistir na eficiência a qualquer preço, na produtividade incessante e na obtenção de obediência, o dirigente que deseja de fato exercer o poder terá de agir para processar conflitos, articular grupos e indivíduos, incorporar interesses, explicitar suas posições e convencer seu público da validade delas. Em vez de comandar e ordenar, deverá liderar e organizar.

Ao mesmo tempo, o poder se dilui nas infovias, na velocidade geral da vida, na pluralização dos atores e na fragmentação das estruturas. Como a própria base das sociedades atuais se alterou, assumindo a forma da organização social em redes, o poder também ganha outros contornos. Nas palavras de Manuel Castells, o "poder dos fluxos" torna-se mais importante do que os "fluxos do poder", do mesmo modo que a morfologia social passa a ter "primazia sobre a ação social".[6] As próprias organizações tornam-se mais complexas, uma vez que se dividem mais e ficam de certo modo sem centros unificadores claramente estabelecidos

---

6 CASTELLS, Manuel. *A sociedade em rede*, op. cit., p.497.

e reconhecidos. No mundo globalizado, observa Zigmunt Bauman, uma grande parte do poder – a parte mais importante – foi "retirada da política".

O poder, hoje, mostra a cara em todos os lugares e em lugar nenhum: "deslocaliza-se", a ponto de a própria ação política não saber mais em que direção caminhar ou contra quem lutar. Muitos movimentos, por exemplo, podem imaginar que a chegada ao poder central – que, no Brasil, significa a Presidência da República – representaria a conquista de um maior poder para transformar a vida, adotar novas políticas, reformar as estruturas, e assim por diante. Ao chegarem lá, porém, acabam por se dar conta de que todo aquele poder na verdade não existe. Ele está em outras arenas, difuso na grande rede virtual, em cantinhos ocultos dos computadores, nos dutos de informação, nos intercâmbios comerciais e nas transações financeiras, coisas essas que não conseguem ser cabalmente controladas.

A política perde poder em dois sentidos. Primeiro, porque é despojada de fatias inteiras do poder de decidir, particularmente no que diz respeito às políticas econômica e social. Tais fatias de certo modo transferem-se para os mercados mundiais, para os "fluxos", para arenas decisórias que escapam do controle dos governantes e dos parlamentares. Em segundo lugar, a política passa a ter menos capacidade de interpelar os cidadãos, seja porque não consegue implementar decisões e os decepciona, seja porque passa a agir com o olho em si mesma e não se mostra "útil" para as pessoas.

Ao se afastar da política, ao escapar do controle das instituições e das pessoas, o poder torna-se ainda mais perigoso e mais ferino. Se a política perde poder, o poder também perde a política: despolitiza-se. Reforça sua face técnica em detrimento de sua face "humana". Vale-se sempre mais de tecnologias e de modelos para se organizar, para prestar serviços e, claro, para se impor, para vigiar, para controlar.

O poderoso – o chefe, o dirigente, o representante, o diretor – não deve despertar "paixão" nas pessoas, mas apenas respeito e resignação. Deve ser alguém que não faça muito barulho, nem desperte polêmica, que cuide em silêncio e discretamente da rotina. Claro que há exceções. Continuam a existir políticos de ideias, apaixonados, que falam olhando nos olhos dos cidadãos. Também continuam a existir os demagogos profissionais. Mas a modalidade do político-técnico – do gerente, do administrador – configura-se como predominante na modernidade radicalizada.

Não é certo que o poder tenha perdido poder. No fundo, ele ficou mais difícil de ser combatido e domesticado.

Em suma, com a radicalização da modernidade, o fenômeno do poder ganhou novas e mais complicadas nuances. Há mais democracia no ar, mais pluralidade e mais opiniões. Mas, ao mesmo tempo, há mais dificuldades para se agregar interesses, coordenar ações e definir agendas. O poder flutua sobre nossas cabeças. Não sabemos bem onde ele está, mas sabemos que ele está em algum lugar.

No final de tudo, ficamos sem saber direito se o poder político, no sentido amplo da expressão, qual seja, o do poder que pode se valer da "força" para produzir obediência às suas decisões, tem algum sentido no mundo de hoje. A humanidade é mais bem informada, tem muito mais conhecimentos científicos à disposição, já atravessou um longo caminho de lutas e aprendizados, mas está soterrada pela angústia de ver metade de seus integrantes vivendo nas fronteiras da miséria, da fome, da pobreza, da exclusão.

A sensação é de que não se sabe como sair desta situação. Uma pergunta fica assim suspensa no ar: afinal, para que serve de fato o poder? Qual sua potência real? Ainda vale a pena planejar a "tomada do poder"? Não seria mais razoável tentar encontrar a composição social mediante uma reinvenção radical do modo de fazer política?

3 Poder, controle, disciplina

O poder influencia comportamentos e impõe decisões. Pode ter se pulverizado e se espalhado demais, mas é evidente que não desapareceu. Está mais "democratizado", no sentido preciso de que há muito mais pessoas envolvidas diretamente com ele e no sentido de que aqueles que a ele se submetem são mais ouvidos e respeitados. Existem mais "centros de poder", em vez de um "centro único", dando todas as ordens. Mas o poder continua a ser um fator decisivo na definição do modo como as pessoas levam a vida.

No mundo moderno, o poder é predominantemente exercido em uma órbita organizacional e mediante organizações. Quanto mais a modernidade avançou e se radicalizou, mais isso foi se tornando verdade.

Exceção feita aos casos em que o poder se manifesta de pessoa sobre pessoa – como o do amante que domina uma relação amorosa, o do mais forte que submete fisicamente o mais fraco ou o do rico que humilha o pobre –, todo poderoso se afirma como tal num ambiente organizado e por meio de organizações. Ficou no passado a situação em que o governante, o chefe e o dirigente interpelavam seus subordinados ou seus seguidores sem suporte organizacional ou sem estruturas de intermediação. O poder do professor sobre o aluno vale-se da escola e dos estatutos escolares, o prefeito de uma cidade governa cercado de ajudantes e assessores (um organismo de apoio), o cirurgião possui uma equipe de auxiliares e uma base hospitalar com as quais compartilha as decisões de vida ou morte que toma em relação a seus pacientes. Até o político populista – que dispensa partidos e abusa da ligação "pessoal" com as massas – não tem como obter sucesso sem boas organizações de suporte, sem uma estrutura de propaganda e marketing, por exemplo. Os dirigentes, hoje, operam quase sempre com o apoio de um *gabinete*, ou de um "Estado-maior" mais ou menos sofisticado.

Continua havendo, como sempre, uma dose extra de carisma, de magnetismo pessoal e de liderança em todo fato político no qual um poder se configure. Mas, no mundo complexo de hoje, tudo está entrelaçado em esferas organizacionais importantes e depende dos recursos por elas disponibilizados.

Isso agrega ao poder os temas da organização, do controle e da disciplina.

A emergência da modernidade impulsionou a progressiva passagem da humanidade para formas mais organizacionais de vida. Não que antes os seres humanos fossem "desorganizados". Nada disso. Sempre viveram em organizações, a começar da família. O *zoon politikon* grego – o homem como "animal político" – era a imagem de um ser eminentemente social, que só pode viver em grupo, comunicando-se, dialogando, estabelecendo relações significativas e se organizando. O diferencial é que, com as modificações e os desafios trazidos pela sociedade moderna, aumentou o peso das organizações na dinâmica social abrangente e na vida individual. As pessoas passaram a ter de lidar, em seu cotidiano, com mais organizações e com organizações mais complexas, quer dizer, maiores, mais diferenciadas internamente e mais formalizadas como estrutura: organizações hierarquizadas, divididas por seções ou por departamentos especializados, submetidas a estatutos e normas procedimentais, e assim por diante. O desenvolvimento da organização burocrática moderna – pública e privada – foi a expressão perfeita desse cenário.

Tal fato teve profundos reflexos no fenômeno do poder. Como a vida passou a girar sempre mais numa órbita organizacional, os espaços de poder se multiplicaram. Em uma organização moderna, não se tem apenas o patrão e seus ajudantes imediatos como representantes de poder, mas uma ampla rede de poderes intermediários, controlados por chefes, gerentes, coordenadores e encarregados. Tem-se um *sistema de poder*, forte e articulado, no qual o poder está difuso e espalhado, ainda que não deixe de permanecer concentrado. Quanto mais a modernidade se radicalizou, aliás, mais as organizações foram ficando "descentralizadas". O avanço dos conhecimentos, o desenvolvimento econômico, o crescimento da população, o aumento da divisão do trabalho e a multiplicação das exigências técnicas impulsionaram a diversificação funcional das organizações. Se há mais especializações num dado local de trabalho, por exemplo, mais oportunidades haverá de ver nascer ali um maior número de "divisões" e, portanto, de nichos de poder. O próprio conhecimento técnico-científico e os saberes especializados convertem-se eles mesmos em poder.

Burocracia: o poder do funcionário

A racionalização batizou o nascimento do mundo moderno. Foi sua parteira e uma de suas principais alavancas de propulsão.

Não é razoável considerar tal fato como a explicação cabal da modernidade capitalista. Sempre houve muito mais coisas em jogo: o capital, a apropriação privada do lucro, a concentração dos meios de produção nas mãos dos empresários, a separação entre o trabalhador e os instrumentos de trabalho, a exploração do homem pelo homem, o incremento das trocas. Mas é inegável que o modo de viver a vida e de organizar as atividades na era moderna foi contaminado por um específico espírito do tempo. A razão técnica e instrumental converteu-se em parâmetro de tudo. A sabedoria tradicional cedeu espaço para a ciência, a sensibilidade perdeu valor para o cálculo, a informação passou a ser mais importante do que o conhecimento.

Com isso, tudo foi remodelado. As organizações tornaram-se mais fortes e seus integrantes passaram a agir de outro modo. As finalidades também se modificaram. Em vez de visarem ao bem-estar dos grupos, as atividades passaram a buscar o lucro, a produtividade, o êxito máximo em termos de custo-benefício: fazer o melhor, no menor tempo possível e ao menor custo possível.

A administração, a gestão das atividades, não poderia mais continuar a ser exercida por amadores, por diletantes ou por amigos dos poderosos. Precisaria se profissionalizar, assimilar a ciência, incorporar tecnologia. Em uma palavra, *racionalizar-se*, qualificar-se tecnicamente, especializar-se.

Foi essa a base de onde partiu Max Weber (1864-1920), no início do século XX, para abordar o fenômeno da burocracia moderna. Ele é considerado até hoje o principal teórico do assunto. Na sua concepção, burocracia significa antes de tudo *organização*. É um sistema racional de atividades regradas com que se busca um máximo de coerência entre meios e fins, mas significa também um *tipo de poder*: o poder (*cracia*) do *bureau*, isto é, do escritório, da repartição, do gabinete. Como poder, a burocracia se caracteriza pelo formalismo, pela estrutura hierárquica, pelas ordens comunicadas por escrito e pela impessoalidade no recrutamento dos quadros e no atendimento ao público.

Nela, as atividades, os deveres e os poderes de mando estão determinados de modo fixo e de acordo com normas, regimentos e estatutos. A hierarquia funcional, por sua vez, se faz acompanhar do processo administrativo e da tramitação, configurando-se assim um sistema firmemente organizado de mando e subordinação que se sustenta na inspeção regular das autoridades inferiores pelas superiores. Toda sua dinâmica está baseada em documentos escritos e em um diversificado corpo de empregados subalternos, auxiliares e escreventes.

Como a burocracia se pretende imparcial e eficiente, nela não há lugar para considerações pessoais, desejos e manifestações de vontade. Cria-se, na verdade, uma espécie de cerca que "protege" e controla o funcionário, impedindo que ele se desvie de suas atribuições ou pratique atos lesivos aos interesses das organizações ou contrários às normas vigentes. A tramitação dos processos, prática central da burocracia, nada mais é que um circuito de pequenos controles e averiguações. Salários pagos em dia, promoções, planos de carreira claros e definidos segundo critérios técnicos de mérito e desempenho ajudam a que os funcionários desenvolvam uma forte lealdade para com a organização e para com seus colegas. Um sólido *esprit de corps* tende a se desenvolver em decorrência disso. Criam-se assim algumas importantes condições para que cada funcionário atue tendo em vista o alcance racional dos objetivos da organização.

Na medida em se pôs a serviço da inserção do "racionalismo" na vida do homem e da sociedade, a burocracia foi ajudando a que tudo passasse a ser avaliado em função de cálculos instrumentais, critérios frios e impessoais. Com isso, foi acuando os valores mais propriamente *humanos* e obrigando-os a se refugiar em áreas restritas da vida social. Sob sua preponderância, tudo se tornou prático, explicável, conhecido, controlado. A burocracia, dirá Weber, eliminou do mundo objetivo o ódio e a paixão, o amor e a amizade, neutralizando "todos os elementos sensíveis puramente pessoais, todos os elementos irracionais que se subtraem ao cálculo". Desumanizou-se e foi sugando o que havia de humanidade dos ambientes em que penetrou. Quanto mais fez isso, mais se mostrou funcional às exigências do capitalismo. Foi crescendo com ele e ajudando a "desencantar" o mundo, como diria Weber.[1]

O "desencantamento do mundo" faz que tudo se racionalize: a vida, as condutas, as ideias, a ética, os processos, as instituições, a dominação e o poder. O sentido geral passa a ser prático, técnico, intelectualizado, formal. As pessoas, porém, não ficam necessariamente mais sábias ou mais inteligentes. O significado maior do fato, dirá Weber, é que ele sedimenta a "crença de que *poderemos*, se o *quisermos*, provar que não existe a princípio nenhuma força misteriosa e imprevisível capaz de interferir no curso da vida; significa, em suma, que todas as coisas podem ser dominadas pelo cálculo".

Alteram-se assim a vida, os comportamentos, o modo de pensar, de agir e de sentir, com efeitos evidentes sobre as estruturas de organização e de poder. Em vez do chefe à moda antiga, que se movia animado por razões de "sangue" e hereditariedade, pela convicção dos súditos na sua excepcionalidade, pelo favor, pela graça e pela recompensa, tem-se agora um especialista rigorosamente "objetivo" e

---

1 WEBER, Max. A ciência como vocação. In: ____. *Ciência e Política*: duas vocações. Tradução Leônidas Hegenberg. 12.ed. São Paulo, Cultrix, 2004. As referências subsequentes ao pensamento de Weber são tomadas do seu *Economia e sociedade*. Fundamentos da sociologia compreensiva. 3.ed. Brasília: Editora Universidade de Brasília, 1994. 2v.

totalmente desinteressado do lado humano da experiência. Em vez do administrador ligado por laços pessoais ao poderoso ou reduzido à condição de servo pessoal do governante, entra em cena o profissional assalariado, tecnicamente preparado e que se vincula estritamente às atribuições do cargo ocupado e a seus superiores hierárquicos. O *funcionário*, em suma, converte-se no personagem central das mais distintas operações. Podendo – isto é, estando autorizado pelo estatuto – ele faz; não podendo, o assunto lhe é indiferente. Seu poder torna-se real, enraizando-se nas entranhas mesmas da vida cotidiana.

A realidade foi impondo essa conversão. Afinal, ao se estender e ao adquirir maior complexidade, a vida social tornou-se mais difícil de ser governada e direcionada. As necessidades, as expectativas, as demandas e os problemas vão ficando intrincados, cheios de especificidades e implicações, e passam a requerer recursos e conhecimentos técnicos para ser atendidos e resolvidos. Os especialistas, treinados para dominar os detalhes dos processos e dos procedimentos, passam a controlar os pontos estratégicos das rotinas administrativas. "Vencem" porque se mostram indispensáveis. Porque possuem, digamos assim, as informações e o segredo com que se podem abrir todos os cofres.

O Estado moderno não teve como resistir. As exigências que lhe foram sendo feitas pela economia mercantil, suas obrigações perante a população e perante os demais Estados, sua magnitude crescente como aparato fizeram com que ele não pudesse funcionar sem uma boa base burocrática. Mais tarde, quando o Estado passou a ter de responder pela prestação de inúmeros serviços sociais, isso ficou ainda mais acentuado. Além do mais, o sistema político se sofisticou. O sufrágio universal impôs a necessidade de mais organização, de mais regras e de mais aparatos para a realização eficiente das eleições. Os partidos políticos cresceram, tornaram-se associações de massa e precisaram se "racionalizar" para dar conta das novas tarefas que passaram a desempenhar. Os próprios políticos foram obrigados a se profissionalizar. Toda a vida política moderna sempre ofereceu, assim, mais espaços para a burocracia. A democracia de massas, o Estado de bem-estar social, os sistemas partidários e as estruturas sindicais não puderam simplesmente virar as costas para a burocracia. Tiveram de conviver com ela.

Weber jamais cansou de elogiar a "superioridade técnica" da burocracia sobre todas as demais organizações e a sua importância para o progresso da administração pública e privada. Ficou de certo modo fascinado pelo modelo, mas havia o outro lado da questão. Por ser tecnicamente superior, a burocracia tendia a crescer sem parar, a invadir tudo, a se tornar indispensável em toda parte. Weber, que tinha fortes inclinações liberais, percebia que, com o avançar desse processo, o maior sacrifício seria feito pelo indivíduo. Ele se tornaria prisioneiro de sistemas e engrenagens distantes de seu controle e que passariam a exigir dele uma entrega sempre mais total e incondicional.

Era preciso, portanto, denunciar e opor-se decididamente ao fenômeno da *burocratização*, ou seja, da expansão contínua da burocracia. Para ele, quanto mais desenvolvida fosse a burocracia, mais difícil seria sua destruição, pois a burocratização "como instrumento de 'socialização' das relações de dominação tem sido e é um recurso de poder de primeira classe para aquele que dispõe do aparato burocrático". Seu diagnóstico foi profético: "Ali onde se levou integralmente a cabo a burocratização do regime de governo, criou-se uma forma praticamente inquebrantável" de relações de domínio.

Weber, porém, era um cético, um pessimista trágico e resignado. Não via muita possibilidade de se conseguir conter a burocracia dentro de limites razoáveis. Ela tenderia a se

POTÊNCIA, LIMITES E SEDUÇÕES DO PODER

expandir irrefreavelmente, alimentando-se de seus próprios sucessos racionalizadores e das exigências da modernidade. Conseguindo se estabelecer, a burocracia dificilmente seria destruída. O burocrata, seu aparato, seus procedimentos e sua cultura adeririam às paredes e às entranhas das estruturas organizacionais. Iriam se traduzindo em hábitos, em rotinas, em "direitos adquiridos". Acabariam por se prolongar no tempo.

Apresentava-se desse modo um problema infernal. Se a burocracia era assim inexorável e invencível, como então submetê-la aos interesses da sociedade, contê-la em seu apetite insaciável? Weber imaginava que um parlamento forte e atuante, ativado por partidos de massa disciplinados e responsáveis, poderia cumprir a tarefa, mas acabou mordido por sua própria criação: sendo tecnicamente superior e encontrando incentivos na própria vida social, a burocracia terminaria por invadir também o parlamento e os partidos. Engessaria tudo no mesmo molde racional.

Sobrava, na visão de Weber, a figura do líder carismático, dotado de magnetismo pessoal e visto como um "herói" pelos cidadãos. Caso ele emergisse, algo de novo aconteceria. O mundo poderia ser de certo modo "reencantado". Os fatos duros da vida, porém, não ajudariam. Uma liderança carismática poderia surgir, mas nada poderia garantir que ela teria um perfil democrático. Além do mais, mesmo o carisma teria de entrar em uma rotina, criar organizações para si, o que acabaria por levá-lo a se aproximar da burocracia. Era um círculo vicioso. Weber morreu antes da chegada de Hitler ao poder na Alemanha. Se tivesse vivido mais alguns anos, teria tido motivos de sobra para confirmar sua tese e reiterar seu pessimismo.

Independentemente dessa discussão, a sociologia weberiana da burocracia marcou época nos estudos sociais. Pessimista ou não, Weber percebeu com clareza a relevância técnica da burocracia, sua facilidade para se expandir e sua capacidade de fornecer aos indivíduos "ordem, nada mais do que ordem", ou seja, sua capacidade de produzir *disciplina*.

Burocracia e disciplina

A vida organizada é essencialmente vida disciplinada. Horários de entrada e de saída, regras de conduta, linhas de produção, planejamento rigoroso das atividades, intervalos e descansos programados, tudo a expressar uma rotina assentada em comportamentos controlados, ações previsíveis, direitos e deveres, limites e proibições, prêmios e punições. Não é à toa que parte do léxico militar circula com facilidade nos ambientes organizados. Falamos bastante em "exército", em "regimento", em "comandante" quando nos reportamos às organizações e aos seus modos de agir. A designação do pai ou da mãe como "chefe de família" é usual e deixa evidente o peso da hierarquia e da dimensão organizacional nessa forma primária de associação.

A vida disciplinada se faz evidentemente acompanhar de controles: sobre o tempo, sobre as preferências, sobre as ideias, sobre o corpo, sobre os desejos. Na verdade, ela potencializa, sofistica, suaviza e torna mais eficientes os artifícios que os humanos costumam empregar para obter obediência, alcançar o cumprimento das ordens e o respeito às proibições, ter sucesso no convencimento das pessoas para agir de um modo determinado e não de outro.

A partir da indústria capitalista – com sua impetuosidade, sua obsessão produtivista e sua busca incansável do lucro –, a ênfase na disciplina e no controle do corpo se reforçou. Sobretudo nos primeiros tempos industriais, o corpo do trabalhador passou a ser objeto de uma coerção constante com o intuito de moldá-lo como se fosse uma extensão das máquinas, aperfeiçoando a eficácia dos movimentos e o melhor aproveitamento do tempo e do espaço. Não se tratava apenas de aprofundar a sujeição do corpo ou de aumentar sua força física, mas de ampliar sua utilidade e sua "plasticidade", sua capacidade de adaptação às exigências das novas máquinas, das novas técnicas, das novas velocidades. Era algo ambíguo, sem dúvida. Disciplinar o corpo significava tanto *protegê-lo* das máquinas, impedindo que o trabalhador se machucasse ao operá-las, quanto *potencializá-lo* como uma máquina. A máxima exploração do corpo combinava-se com o máximo cuidado com o corpo. Para se extrair o melhor dele, era preciso treiná-lo, educá-lo e modelá-lo com afinco. O resultado final foi, em boa medida, um corpo forte e adestrado, mas cheio de dores e deformações, para dizer o mínimo.

Não seria difícil passar desses cenários "heroicos" dos séculos XVIII e XIX para a vida moderna do século XX e dos nossos dias.

Nas primeiras décadas do século XX, quando a indústria já se consolidara como centro da vida social, a disciplina e o controle se convertem em critério no mundo da produção. Um passo decisivo nessa direção foi dado então pelo *taylorismo*, a mais influente das escolas dedicadas a organizar "cientificamente" o trabalho.

Em 1911, Frederick W. Taylor publicou seu *Princípios de administração científica*[2] tendo como eixo a ideia de que a disciplina rigorosa – objetivada tanto sob a forma de controles rígidos, quanto de uma entrega hedonista dos indivíduos – seria o requisito essencial do êxito organizacional. Pulsões individuais, desejos, postulações emocionais, interesses particulares ou características pessoais deveriam

---

2 TAYLOR, Frederick W. *Princípios de administração científica*. 8.ed. São Paulo: Atlas, 1990.

ser mantidos categoricamente fora de questão, ou então combatidos a ferro e fogo. Taylor acreditava que no passado o indivíduo tivera a primazia e fora muito valorizado, mas o futuro estaria todo reservado à primazia do sistema, da organização. Pouco interessavam a iniciativa e a vontade das pessoas. O que se esperava delas é que fizessem o que os superiores determinavam.

Na mesma época em que veio à luz o livro de Taylor, o engenheiro francês Henry Fayol publicou *Administration Industrielle et Général* (1916), deslocando o foco para o terreno da capacidade de administrar. A gestão deveria perseguir a previsão, a organização, o comando, a coordenação e o controle. A ciência criaria as melhores condições organizacionais – a divisão do trabalho, a unidade de comando, a autoridade, a responsabilidade, a disciplina, a coesão do pessoal, a subordinação do particular ao geral – tendo em vista a eficiência e a produtividade. O administrador agiria como um médico, procurando conservar a saúde das empresas e dos escritórios mediante o estudo meticuloso de sua anatomia e de sua fisiologia.

Mais tarde, essa rigidez quase claustrofóbica e tirânica perderia força e seria combatida mais ou menos abertamente. Já nos anos 1920, sociólogos e psicólogos norte-americanos começaram a projetar as "relações humanas" para o centro da teoria organizacional. O comportamento e a "motivação" ingressaram assim no mundo das organizações, impulsionando uma mudança de enfoque que, com o tempo, terá muitos desdobramentos. Pouco a pouco, os estudos organizacionais começarão a dar atenção à participação, às influências valorativas e interpessoais, à liderança, à aprendizagem organizacional. Haverá menos tecnicismo formal e mais preocupação com as subjetividades. Mas o marco de referência permanecerá associado à imagem das organizações como unidades que podem ser racionalmente

POTÊNCIA, LIMITES E SEDUÇÕES DO PODER

reguladas, como sistemas de regras, orientações e incentivos que, de um modo ou de outro, prolongam o aprisionamento da vontade e a expropriação das possibilidades de governar da maioria.

A sociedade industrial deu razão a boa parte das ponderações de Michel Foucault, provavelmente o filósofo contemporâneo que mais se preocupou com o controle e com a disciplina como recursos de poder. Seu livro *Vigiar e punir*, de 1975, é uma importante referência nessa discussão sobre a sistemática atenção que a humanidade sempre concedeu ao corpo, "ao corpo que se manipula, se modela, se treina, que obedece, responde, se torna hábil ou cujas forças se multiplicam".[3]

O controle sobre o corpo – e, por extensão, sobre o tempo, o espaço, os desejos, os movimentos – sofisticou-se enormemente com a radicalização da modernidade. O "homem-máquina" generalizou-se no mundo do trabalho, nos esportes, no *show business*. O cuidado com o corpo tornou-se alvo de uma verdadeira indústria. Por um lado, houve um evidente movimento de libertação e de autonomia: sou dono do meu corpo e posso modelá-lo a meu bel-prazer, preciso do meu corpo para construir minha "imagem", devo cuidar dele para melhorar minha saúde e preparar a chegada da minha "terceira idade". Por outro lado, porém, toda essa dedicação ao corpo levou à formação de uma complicada cultura narcisista e criou uma terrível rede de micropoderes: academias, *personal trainers*, cirurgiões plásticos, esteticistas, nutricionistas. Formou-se assim uma espécie de nova tirania sobre o corpo e em torno do corpo. O próprio corpo consolidou-se como *poder*.

---

3   FOUCAULT, Michel. *Vigiar e punir*. 21.ed. Tradução Raquel Ramalhete. Petrópolis: Vozes, 1999.

A disciplina como poder

A disciplina e o controle são recursos fundamentais de poder. Todo poderoso que se preze, independentemente de suas predisposições ideológicas e de seu coração, deseja possuir um dispositivo que lhe permita monitorar os detalhes do ambiente, o movimento, os gestos e as intenções das pessoas, os passos dos adversários e a vontade dos aliados, e ele pode fazer isso de muitas maneiras: pela força ou pela persuasão, ostensiva ou discretamente, ajudado por máquinas ou a olho nu. Mas sempre irá valer-se de sistemas mais ou menos consistentes de informação e de organização.

Decisões aparentemente simples e "inocentes", tomadas em nome do aperfeiçoamento dos métodos de gestão ou da melhoria do desempenho, por exemplo, podem ocultar operações claras de poder ou produzir impactos involuntários na correlação de forças entre os membros de uma organização. Modificar a distribuição das pessoas no espaço, separá-las por sexo, por idade, por funções, isolá-las umas das outras ou reuni-las de uma maneira distinta são atos que sempre podem denunciar uma pretensão a que se aperfeiçoe o controle, a que se interrompam eventuais "ligações perigosas" ou a que se aumente a capacidade de monitorar a conduta das pessoas. Não é necessário que seja assim, evidentemente, mas a probabilidade de que isso ocorra está inscrita na lógica mesma da operação.

A fixação de horários comuns pode funcionar do mesmo modo. Produz ordem e iguala as pessoas, por um lado: todos juntos ao mesmo tempo, sem regalias e privilégios, de modo que se aumente a potência do grupo e se incentive o entrosamento de seus integrantes. Bem organizado, coeso e estimulado, o grupo procederia como uma "máquina", como um corpo único, capaz de realizar gestos e movimentos adequados, bem mais do que se os indivíduos estivessem separados.

Há sempre uma dinâmica dialética nesse âmbito. São processos contraditórios o que temos diante dos olhos. Os horários comuns facilitam a convivência e a aproximação das pessoas, incentivando-as a formar uma "comunidade" – uma classe social, uma categoria profissional, uma corporação – e, assim, a adquirir uma "consciência coletiva". O estar junto pode ter o efeito de um fermento, que reforça e faz crescer o grupo. Simultaneamente, porém, produz disciplina e controle, padronizando tudo e todos e dificultando, assim, o inconformismo, a percepção crítica do mundo e a explosão de criatividade.

Seja como for, é inegável que a gestão dos horários, dos espaços e dos movimentos serve para garantir a qualidade do tempo empregado, anular o que possa distrair as pessoas, dar mais utilidade e valor ao tempo, forçar as pessoas a manter o foco e a concentração. Trata-se não apenas de afastar as pessoas da "ociosidade", mas de explorar ao máximo a exatidão e a aplicação, que são, nas palavras de Foucault, "as virtudes fundamentais do tempo disciplinar".[4]

O próprio processo de racionalização crescente impôs, ao longo da história, um acréscimo expressivo em termos de organização, de controle e de disciplina. Tudo passou a ter de ser feito de forma mais "científica", mais eficiente, mais planejada, sem desperdícios e sem delongas, sem muita consideração para com problemas pessoais e preferências. O poder em geral e o poder político em particular ganharam com isso outra dimensão e novas atribuições. A própria abordagem da natureza se alterou. A sociedade moderna não podia simplesmente reproduzir os velhos mecanismos de afirmação do homem sobre o homem, como se fosse uma cópia da sociedade tradicional. Não podia, por exemplo, abusar da violência física explícita, intensiva, brutal e

---

4 Ibidem, p.129.

sangrenta sobre massas compactas, largadas a sua sorte, postas em condições subumanas, como gado. O poder não podia ser empregado de peito aberto, exibindo-se ruidosa e exuberantemente como uma tirania arrogante. Tais manifestações tradicionais de domínio e controle não desapareceram, como sabemos bem. Continuaram ativas, reproduzindo-se no tempo. Podemos encontrá-las ainda hoje em muitos ambientes, lugares e países, mas deixaram de ser dominantes. A forma do poder se alterou, racionalizando-se e sofisticando-se. Nos termos de Foucault, ela passou a acompanhar a conversão da sociedade moderna em *sociedade disciplinar*.

Com isso, o controle e a disciplina passam a funcionar como parte de um mecanismo enraizado nos alicerces da sociedade e dedicado a "melhorar o exercício do poder tornando-o mais rápido, mais leve, mais eficaz, um desenho das coerções sutis", como escreveu Foucault. Em vez de violência e opressão física, tem-se intensificação das normas e da fiscalização. Organizam-se assim diferentes sistemas de controle baseados em uma "vigilância permanente, exaustiva, onipresente, capaz de tornar tudo visível, mas com a condição de se tornar ela mesma invisível".[5] Com a aceleração do progresso técnico, é fácil imaginar quão longe se foi nesse caminho. Hoje, por exemplo, conhecemos bem a extensão desses sistemas, com suas câmeras perscrutadoras e invasivas, seus recursos criptográficos, sua capacidade de processar informações e "saber tudo" a respeito de todos.

Não foi por acaso que o filósofo utilitarista inglês Jeremy Bentham (1748-1832) imaginou, na segunda metade do século XVIII, uma elaborada figura arquitetônica para expressar a nova configuração do poder na nova sociedade capitalista e industrial que se estava constituindo. Chamou

---

5   Ibidem, p.173 e 176.

sua "máquina" de *Panóptico*: corpo de mil olhos, capaz de ver tudo o tempo todo, digamos assim. A descrição que Foucault faz dela é esclarecedora:

> Na periferia uma construção em anel; no centro uma torre; esta é vazada de largas janelas que se abrem sobre a face interna do anel; a construção periférica é dividida em celas ... Basta então colocar um vigia na torre central e em cada cela trancar um louco, um doente, um condenado, um operário ou um escolar. ... O dispositivo panóptico organiza unidades espaciais que permitem ver sem parar e reconhecer imediatamente.[6]

O Panóptico separa e isola os indivíduos, tratando-os como objeto de uma vigilância completa, ininterrupta. Sua pretensão é criar no recluso "um estado consciente e permanente de visibilidade" com o qual se possa assegurar o "funcionamento automático do poder". Seu princípio é o do poder ao mesmo tempo visível e inverificável: o recluso sempre verá a torre central, mas jamais saberá se está sendo observado e nunca terá nenhuma dúvida de que poderá ser observado. O Panóptico, em suma, como observou Foucault, é uma "máquina de dissociar o par ver-ser visto: no anel periférico, se é totalmente visto sem nunca ver; na torre central, vê-se tudo sem nunca ser visto". Pouco importa, portanto, quem exerce o poder. A "máquina" é em si mesma poder. Ela funciona como um laboratório no qual se realizam distintas experiências, diversos jogos e simulações tendo em vista o mapeamento dos desejos e dos comportamentos humanos. Despersonalizando o poder, propicia a constituição de um ambiente onde o comportamento humano é governado por mecanismos que estão fora do controle humano e que funcionam como um relógio, como uma engrenagem programada. Mais que uma proposta factível, a construção

---

6   Ibidem, p.165-6.

de Bentham é uma metáfora do poder máximo, do controle completo.

O próprio Bentham, que desenhou o Panóptico como uma penitenciária-modelo, percebeu que seu esquema poderia ser estendido a todos os estabelecimentos em que seja necessário manter sob vigilância um certo número de pessoas, pois "sua excelência consiste na grande força que é capaz de conferir a qualquer instituição a que seja aplicado". Bentham, porém, era um democrata e não admitia que sua invenção fosse interpretada como uma proposta totalitária, ditatorial. Na sua concepção, a vigilância da torre central não precisaria necessariamente ficar longe dos olhos do público. Poderia, digamos assim, ser ela mesma vigiada e submetida a inspeções e a controles externos, que a corrigiriam na eventualidade de qualquer excesso. Ou seja, imaginava seu Panóptico convivendo sem muitos problemas com o Estado representativo, constitucional.

Quem vigia o vigilante?

O poder invisível é a forma típica do poder supremo, o modelo ideal do Estado autocrático. Nessas situações, como lembra Bobbio, prevalece a máxima "Tudo o que não é proibido é obrigatório" e o poderoso faz-se tanto mais obedecer quanto mais onividente é, valendo-se sistematicamente do recurso à invisibilidade, ao segredo. Quem comanda, enfatiza Bobbio, é tanto mais terrível quanto mais está escondido; quem deve obedecer, por sua vez, "é tanto mais dócil quanto mais é perscrutável e perscrutado em cada gesto seu, em cada ato ou em cada palavra".

O Estado autocrático é, assim, o oposto da democracia e algo bem diferente do Estado constitucional, formas de governo nas quais o poder deve ser público e exercido em público. O poder é *público* porque não é privado, nem beneficia os interesses privados, sejam eles o do poderoso ou o de qualquer outro grupo da sociedade. O fato de dever ser exercido *em público*, por sua vez, significa que ele recusa o segredo, faz-se transparente, age às claras, à vista de todos. No Estado democrático, o caráter público do poder é a regra, o segredo é a exceção. Como exceção, o segredo deve limitar-se no tempo e ser empregado com grande moderação e parcimônia. O Estado democrático, representativo, constitucional, no qual a participação está dada como possibilidade legal e como fato efetivo, é um Estado que se apresenta em público e para um público. É uma forma de *poder visível*.

Nele, porém, a vigilância não está cancelada. Afinal, sempre será preciso defender a democracia e desarmar seus inimigos, aqueles que contra ela conspiram, os que agem para quebrar a lógica igualitária da competição democrática, as regras do jogo e as políticas de distribuição do poder, os que usam a prepotência e a violência para encurralar a deliberação democrática. Sempre será preciso garantir algum padrão de ordem pública e dar ao governo condições de governar. O poder invisível não tem como ser sumariamente eliminado. Também o governo democrático necessita de formas secretas e invisíveis de poder. É este o caso, para citar o exemplo mais evidente, dos serviços de inteligência e informação, que atuam para coletar dados, organizar informações estratégicas, desenhar cenários futuros e prover o Estado de uma infinidade de instrumentos de mapeamento e de conhecimento da realidade. Conhecer a realidade pode significar também (às vezes significa isso essencialmente) intrometer-se na vida alheia, bisbilhotar arquivos, escutar conversas e grampear telefones, fotografar às escondidas, espionar. Os serviços secretos existem para conhecer fatos alheios sem se deixar conhecer, nem se reconhecer, ou seja, agem nas sombras, sem serem vistos.

Além do mais, mesmo nas melhores democracias ocorre algo por trás do trono. O poder tenta, seduz, incentiva o abuso e a transgressão. O fato mesmo de poderem dominar dá condição, aos poderosos, de fazer coisas que os sem-poder não veem e não podem fazer. Os poderosos praticam atos que muitas vezes são malvistos e mal recebidos simplesmente porque agem a partir de códigos éticos específicos. Valem-se do segredo, do silêncio e do ocultamento, seja porque querem enganar seus adversários, seja porque desejam "poupar" o público do contato com certas coisas. Oculta-se tudo aquilo que é tido como "inconveniente" (uma informação econômica que faria a especulação explodir, por exemplo, caso fosse divulgada) e tudo aquilo que é ilegal, como no caso das práticas ilícitas, da corrupção, da malversação de recursos públicos, do favorecimento de amigos. O próprio modo burocrático de se organizarem as atividades, ao se valer de hierarquias, controles internos e tramitações impessoais, supõe a possibilidade de que o "segredo" se converta em procedimento habitual. Na sociologia da burocracia de Max Weber, a figura do "segredo oficial" não é de maneira alguma desconsiderada.

O capítulo do poder invisível é vasto e riquíssimo. O poder sempre se oculta e oculta alguma coisa. Simula e dissimula. "Mente", seria o caso de dizer, pouco importando se a mentira é feita para enganar um inimigo do Estado ou para beneficiar o povo. A mentira pode ser lícita e justificável (como quando o médico esconde do paciente a gravidade da doença), mas não deixa de ser mentira. O segredo também pode ser justificado. Às vezes é preciso decidir com rapidez, sem muita discussão, outras vezes é preciso surpreender, outras vezes ainda pode haver um interesse maior a ser preservado.

Nada, porém, justificaria o fortalecimento unilateral do poder invisível. Qualquer passo nessa direção nos leva para as fronteiras do governo totalitário, do Estado absoluto, da tirania e da ditadura sem freios.

O Estado democrático propõe-se a criar meios para controlar os que controlam, vigiar os vigilantes, forçar os governantes a prestar contas de seus atos. Não apenas pressupondo um "controlador" superior, mais "potente" e legítimo que os demais – como o povo, por exemplo, em nome de quem todo poder deverá ser sempre exercido –, mas também mediante instituições, regras e práticas que valorizem a democracia como procedimento e como ideal de vida. Uma cultura democrática consistente ajuda de modo decisivo a fazer com que o poder se mantenha nos limites da lei e daquilo que é razoável.

O ideal da liberdade, da autonomia e da emancipação permanece latejando sem cessar, mesmo nas piores circunstâncias e nas formas extremas de "sociedade disciplinar". O mundo moderno é, deste ponto de vista, um paradoxo. Nele, a racionalização crescente nos empurra para a maximização do controle e da disciplina ao mesmo tempo em que a democratização se afirma ostensivamente, abrindo espaços para a contestação, a luta emancipadora, a conscientização.

A própria evolução social desautoriza a reprodução simples e mecânica dos dispositivos disciplinares. A estrutura em rede dos dias atuais, as novas tecnologias de informação e comunicação, o aumento da velocidade e a maior facilidade de conexão modificam o "tempo disciplinar". Hoje, já não é mais tão necessário (nem possível) manter fisicamente reunidas as pessoas, pois elas podem cooperar a distância, ser controladas a distância, agir como um "corpo" a distância. A configuração do poder se alterou.

Numa estrutura em rede, onde estaria o núcleo central do poder? Talvez seja mesmo verdade, como diz Castells,[7]

---

7 CASTELLS, Manuel. *A sociedade em rede*, op. cit., p.497.

que o poder dos fluxos (dos contatos, das conexões, dos intercâmbios) é maior que os fluxos do poder. A interação constante, a troca de informações e os deslocamentos criam seus próprios mecanismos de poder. O poder fica fora do alcance das pessoas, como se ele se alojasse nas próprias estruturas, escamoteado. Os participantes da rede são mais autônomos e têm direitos, mas não agem completamente à solta. Continuam a ser vigiados.

A vida é essencialmente dialética: contradição, processo, rupturas e acumulação. Nenhum avanço pode se fazer sem dificuldade, sem luta e às vezes sem algum retrocesso. Seguimos, porém, sempre em frente, ainda que não possamos saber bem o que nos espera nem em que direção exata estamos indo.

4 O poder da organização

Organização, disciplina e controle são princípios inerentes aos mais distintos ambientes. Algumas instituições típicas da vida moderna, como os partidos políticos e os sindicatos, são dedicadamente disciplinadas. Como conquistar o poder – meta de todo partido político – sem disciplina, sem uma forte organização, sem empenho para aglutinar e disciplinar as massas de militantes e de eleitores, sem sacrificar as preferências pessoais, os ritmos de vida e os próprios pensamentos? Como fazer para que uma categoria profissional, composta muitas vezes por milhares de indivíduos, vença uma luta trabalhista por melhores salários sem uma boa dose de organização e disciplina?

A organização é ela mesma poder. Aumenta exponencialmente as possibilidades de que um grupo vença seus desafios e trace uma trajetória. Tanto quanto a burocracia, que é uma de suas formas típicas, a organização também é um produto tardio da evolução. Desenvolve-se com o desenvolvimento social. Sofistica-se, fortalece-se e torna-se indispensável na medida em que as sociedades vão crescendo, diversificando-se e diferenciando-se.

A própria democracia, como regime e como ideal de vida, necessita de uma dose expressiva de organização. Ao se configurar e se evidenciar, os distintos interesses sociais tendem a se associar para dar forma a suas reivindicações, apresentá-las na esfera pública e concorrer com os demais pela sua viabilização. Como regime de "todos", que se baseia no conflito, na liberdade e na disputa, a democracia beneficia aqueles que melhor se organizam. Com isso, ela própria se organiza.

Como os mais bem organizados tendem a sobrepujar os mal organizados, ou a obter vantagens deles, abre-se um mar de questões.

Como impedir que os organizados esmaguem os desorganizados? Como fazer para que os desorganizados se organizem? É algo que cabe a cada grupo, a cada indivíduo – algo que decorre de um impulso espontâneo – ou deve haver algum incentivo social à organização? O associativismo e o cooperativismo, por exemplo, hoje em dia, são matérias escolares, ensinadas em cursos especiais e bastante incentivadas por governantes, por empresários e por ativistas da sociedade civil. A própria disposição dos trabalhadores para formar sindicatos ou para se sindicalizar costuma ser estimulada por organismos religiosos, por militantes partidários e por departamentos sindicais. Há leis que concedem benefícios para quem se associar com a finalidade de executar alguma ação de relevância pública. Em suma, a própria sociedade sabe que é preciso "ensinar" seus membros a se organizar. Isso, porém, não resolve todos os problemas.

Temos de examinar também o caráter da organização. Ao se organizar, as pessoas estão basicamente procurando melhorar suas condições para a defesa de certos interesses. Ninguém se associa somente pelo prazer de estar junto. O ato de associar-se contém uma ineliminável dimensão pragmática: ficamos juntos porque queremos nos tornar mais potentes, compartilhar alguns sonhos e defender melhor os

POTÊNCIA, LIMITES E SEDUÇÕES DO PODER

nossos interesses. É uma iniciativa que tem que ver com a melhoria daquilo que costumamos chamar de posição relativa, ou seja, a posição de um grupo em relação aos demais grupos ou em relação a um dado centro de poder.

Pois bem, a associação pode não conseguir calibrar adequadamente a sua disposição de "ficar junto". Pode se fechar demais, deixar de olhar para os lados, encher-se de vaidade e arrogância e num piscar de olhos passar a agir para excluir de seus cálculos e de suas operações todos os demais aspectos da vida. Um perverso *esprit de corps* pode colar-se nas estruturas associativas, levando a associação a atuar de modo egoísta e autocentrado, cega para o contexto geral.

O corporativismo é a praga maior do associativismo. A organização que só olha para o próprio umbigo acaba por emburrecer. Passa a visualizar o ambiente geral apenas como palco para um desempenho não como um contexto vivo, em que outros atores, outras considerações e outros projetos coexistem. Concebido de modo instrumental, o ambiente é tratado como uma abstração, como um terreno sem desníveis, sem movimento e sem contradições que só existe para possibilitar a representação daquele dado desempenho. A visão corporativista, além do mais, tende a converter todos os demais grupos em adversários ou em inimigos, incapacitando-se assim para pensar em alianças, em frentes comuns de luta, em união de associações. O corporativismo dificulta, por exemplo, a passagem do sindicato para a central sindical e a passagem da visão focada no trabalho para a visão focada na sociedade como um todo.

O corporativismo, em resumo, *despolitiza* o associativismo, impedindo que ele produza todos os seus efeitos positivos e construtivos. Aumenta o poder do grupo, mas rouba-lhe qualidade. O poder corporativo é ilusório e de fôlego curto, por isso mesmo perigoso. Dá uma sensação de força e combatividade, mas na verdade é negativo.

A praga corporativista não perdoa sequer os movimentos mais generosos ou mais radicais. Tanto pode haver uma ação sindical corporativista quanto pode ocorrer de uma classe política se corporativizar e passar a defender exclusivamente seus interesses. Um dirigente que se dedica obstinadamente à defesa de sua reeleição ou à aprovação de leis que o valorizem como dirigente espelha uma dinâmica política em que podem estar presentes várias razões e várias justificativas, mas não há como negar que por ali pulsa uma mola corporativista. Uma associação estudantil que bate no peito, proclama-se "vanguarda" dos estudantes e em nome deles age com estardalhaço nas escolas pode muito bem se deixar levar por suas fantasias e pelo interesse que seus dirigentes têm de preservar as vantagens de seus cargos ou de ser reconhecidos como "líderes". Nesse caso, trata-se de um movimento eminentemente corporativo, pouco importando se suas palavras de ordem reportem-se sempre à defesa de causas universais. Nele, digamos assim, há apenas ação cega e arrogância, mas de modo algum deliberação e representatividade.

Por último, é preciso considerar também que toda organização tem uma face virada para fora e outra virada para dentro, ou seja, age num ambiente e é, ela mesma, um ambiente. Para enfrentar os poderes do mundo exterior, precisa se estruturar como poder. Está obrigada a definir quem a dirigirá, como serão tomadas as decisões, de que modo os associados participarão (ou não) do processo decisional, quem financiará seus gastos e quem cuidará das finanças. O material explosivo que está fora dela reproduz-se com igual intensidade dentro dela.

Sindicatos e partidos

O mundo do trabalho forneceu a base e a inspiração principal para todos os grandes movimentos associativos da modernidade. Antes de tudo, por intermédio das cidades, *locus* privilegiado para a reunião de pessoas, a troca de experiências, a descoberta de afinidades e o desenvolvimento de formas coletivas de consciência. As cidades modernas nasceram sob impulso do comércio e mais tarde da indústria. Converteram-se rapidamente em pólos de atração de artesãos, de comerciantes, de antigos servos, de especuladores, de agiotas, de gente de todo tipo. Os germes do associativismo proliferaram assim com extrema facilidade a ponto mesmo de alertar os poderosos, que logo procuraram impedir que os interesses se aproximassem e se associassem. Os "corpos intermediários", durante muito tempo, foram combatidos ardorosamente pelos liberais como fatores que bloqueariam a liberdade individual e o livre arbítrio. Ao menos até o século XIX, em diversos países da Europa, existiram leis proibindo a formação de associações de "auxílio mútuo" e de *trade unions*, formas iniciais do sindicato moderno. Em muitos lugares, o associativismo para fins de representação de interesses somente foi permitido sob a condição de que fosse tutelado pelo Estado, ou seja, tivesse sua própria existência condicionada pelas leis e pelas exigências do Estado.

O desenvolvimento da indústria, porém, faria com que os trabalhadores crescessem em número, fossem se concentrando em massas cada vez mais compactas e ganhassem densidade como classe social. As bases do sindicalismo surgiram quase naturalmente.

Nos próprios sindicatos que então começaram a surgir no decorrer do século XIX, foram sendo apresentadas a questão organizacional e a do poder. Sindicatos para quem, sindicatos como, sindicatos para quê? O corporativismo era inevitável, ao menos no início, mas preocupava algumas lideranças. Como chegar ao Estado a partir da fábrica, dos locais de trabalho? O *poder sindical* talvez não pudesse alcançar mais do que um círculo restrito. Bastaria apenas a defesa dos salários, a luta pela redução da jornada e a melhoria das condições de trabalho, ou seria preciso caminhar um pouco mais e lutar, por exemplo, para que representantes dos trabalhadores se tornassem parlamentares, disputassem eleições e chegassem eventualmente aos cargos de governo? Além do mais, a força aumentaria na medida em que os grupos se reunissem e compartilhassem seus planos e suas expectativas em vez de concorrer uns com os outros. Como então fazer para ligar entre si os trabalhadores das diferentes profissões, das diferentes cidades, das diferentes regiões, das diferentes nacionalidades? Não seria também o caso de pensar numa associação internacional que unisse os trabalhadores de todo o mundo?

Ao lado dos sindicatos, logo emergiu a figura do partido político, carregando consigo algumas grandes promessas: completar a formação da consciência de classe dos trabalhadores, dar a eles um programa teórico e político, funcionar como uma espécie de elo entre a fábrica e o Estado. O partido político moderno surgiu, assim, para aumentar a *potência organizacional* dos sindicatos e o *poder político* dos trabalhadores. Só mais tarde é que ele se diversificou, assumiu outras características e passou a representar outros grupos e outras classes sociais, incorporando-se à institucionalidade política do Estado.

O partido diferenciou-se de outras associações políticas precisamente pela ênfase que depositou na dimensão organizacional. Anunciou-se como um conjunto de pessoas dispostas a agir unidas como uma "máquina" e referenciadas por um programa político explícito, legalizado por documentos e resoluções escritas. Na primeira metade do século XIX, quando teve início essa experiência, a questão da disciplina era crucial e ganhava peso extraordinário, até mesmo porque os partidos sofriam todo tipo de censura e repressão. Eram estruturas clandestinas, ilegais, formadas por conspiradores que desejavam não apenas "subverter" a ordem, mas também ampliar os espaços de participação daqueles que estavam até então excluídos do jogo político, os trabalhadores. Não ser disciplinado fazia com que o militante partidário se convertesse num fator de insegurança e colocasse em risco a sobrevivência da própria organização e de seus companheiros. O recrutamento era ultrasseletivo, a adesão privilegiava apenas as pessoas recomendadas e o ingresso formal dependia, quase sempre, da passagem do interessado por uma verdadeira via-crúcis de provas e interrogatórios. Depois da aceitação, não era incomum que se exigissem do militante novas demonstrações de lealdade, de confiabilidade e de dedicação à causa.

Aos poucos, os partidos políticos foram crescendo, conquistando a legalidade e se expondo à vida pública. Passaram a disputar eleições, a integrar governos e, com isso, foram se flexibilizando e suavizando os métodos de recrutamento e seleção. O *partido de massas*, típico das sociedades modernas do século XX, é bem diferente dos partidos clandestinos do século XIX, que funcionavam como *partidos de quadros*, uma vez que eram integrados por um número reduzido de militantes profissionalizados (os quadros), altamente qualificados para difundir o programa do partido, zelar por sua integridade doutrinária e cuidar de sua segurança.

O partido de massa é um organismo complexo, aberto, capaz de responder a diferentes questões, de fazer alianças amplas e de dialogar com as mais distintas posições políticas. Não se dedica somente a fazer propaganda, a perturbar o Estado, a defender seus aderentes e seus interesses eleitorais. Sua finalidade é bem mais abrangente: construir um *poder* com que sitiar seus adversários e dirigir as grandes massas da população. O partido político de massa almeja "fazer-se Estado". Construir *um poder para chegar ao poder*, mas também para educar, para organizar, para analisar o mundo e traduzi-lo em termos práticos. É uma espécie de "intelectual coletivo", como sugeriu Antonio Gramsci[1] no final dos anos 1920. Trata-se de uma organização sofisticada, integrada por um aparato expressivo e na qual, portanto, a dimensão organizacional adquire extraordinário relevo.

Com o tempo, o partido de massa se generalizou, mas nem por isso os partidos de quadros deixaram de existir. Durante todo o século XX, foram inúmeras as vezes em que os partidos agiram com base nesse modelo, particularmente adequado para se fazer política em situações de ditadura ou mesmo de guerra. Na Rússia czarista, os bolcheviques foram quadros que, clandestinamente, agiram para instabilizar os governos, mobilizar a população e fazer uma revolução em 1917. Lenin, seu principal dirigente, costumava dizer que o partido comunista russo era composto, antes da revolução, por "poucos, mas bons" militantes profissionais, dedicados em tempo integral ao trabalho partidário. A luta contra as ditaduras de Hitler, na Alemanha, e de Mussolini, na Itália, contou de modo decisivo com o empenho dos *maquis* franceses e dos *partigiani* italianos que, em pequenos grupos rigorosamente disciplinados, ajudaram a minar as bases daquelas ditaduras e a infringir-lhes baixas militares importantes. Muitos partidos comunistas agiram como partidos de quadros durante os períodos ditatoriais que se sucederam em alguns países latino-americanos, como na Argentina, no Brasil, na Bolívia, no Uruguai. A luta de guerrilhas, que é essencialmente uma "guerra de movimento" apoiada no confronto armado, na ação impetuosa e em operações de risco, só pode ser levada a cabo se os partidos que nela se envolvem tiverem uma estrutura clandestina e militantes escolhidos a dedo.

---

1   GRAMSCI, Antonio. *Cadernos do cárcere*. Edição e tradução de Carlos Nelson Coutinho, com Luiz Sérgio Henriques e Marco Aurélio Nogueira. Rio de Janeiro: Civilização Brasileira, 1999-2001. v.2.

Centralismo burocrático e centralismo democrático

Não há vida organizada sem ordem, sem autoridade e direção, sem controle e disciplina. Muitas energias organizacionais são consumidas para equacionar esse fato.

A rigor, as soluções sempre acabam por tentar responder a algumas questões pontuais. Como o poder interno é constituído? Como ele age? Como são recrutados e selecionados os membros das organizações? De que modo eles participam da vida das organizações? Por trás disso, subjaz invariavelmente a questão de saber como organizar com eficiência sem "perder" as pessoas, quer dizer, como vinculá-las ao todo sem constrangê-las em demasia. O processo decisional acompanha o raciocínio: pode a cúpula decidir sem inserir as bases na decisão, sem criar condições de participação?

Numa organização, o poder pode ser constituído de cima para baixo ou de baixo para cima, ou seja, pode ser imposto ou ser construído. Pode ser mais formalista ou menos, mais autoritário ou menos, agir mediante comandos, ordens e portarias ou privilegiando o diálogo e a discussão interna. Os membros das organizações, por sua vez, podem ser recrutados por méritos técnicos e profissionais ou por sua identificação com as finalidades da organização. E podem participar ou não das decisões que são tomadas pelas organizações, quer dizer, podem ser ativos ou passivos no que diz respeito à definição dos rumos e do sentido das próprias organizações.

Tais critérios não são evidentemente excludentes e sempre poderemos imaginar diferentes cruzamentos e combinações entre eles. O poder pode ser instituído de cima para baixo mas não silenciar os indivíduos que a ele se submetem, por exemplo, ou pode ser construído de baixo para cima e desprezar a participação das pessoas no dia a dia da organização. Nada impede que um indivíduo selecionado por critérios técnicos venha a se identificar com as finalidades da organização. E assim por diante.

No fundo, o que está em jogo nesta questão é a relação entre "bases" e "cúpulas", entre dirigentes e dirigidos, particularmente no que diz respeito ao modo como são tomadas as decisões e organizadas as atividades. Todo desenho organizacional prevê a existência de um ou mais polos de direção e coordenação, mediante os quais são definidos os critérios para utilizar os recursos e alocar as pessoas, as metas e as prioridades da organização, o modo de "ouvir" as vozes internas e de compor os consensos que irão "organizar a organização".

Justamente por isso, os modelos são apostas em determinadas modalidades de centralização, ou seja, em determinadas formas de se definir como será alcançado o centro de equilíbrio da organização, o centro para onde convergirão as opiniões e as sugestões internas e de onde serão emanadas as ordens que vincularão os integrantes e organizarão a organização. Isso significa, como é evidente, definir o *centro de poder* da organização, o modo como o poder se constitui, se estrutura e se exerce.

O primeiro grande modelo de centralização do poder no campo das organizações complexas surgiu com a modernidade capitalista. Estabilizou-se a partir da burocracia e com ela se identificou. Podemos chamá-lo de *centralismo burocrático*.

Nele, há uma relação de mão única entre cúpulas e bases. É suposto que os dirigentes têm a obrigação de fazer com que o sistema funcione do melhor modo possível e sabem, por isso, o que é melhor para as organizações. Para isso, valem-se tanto dos conhecimentos (técnicos, políticos ou intelectuais) que acumulam ou que estão a seu alcance, quanto dos estatutos e da possibilidade de emitir comandos normativos formais, de caráter vinculatório e impositivo (ordens, portarias, decretos). Centralizam as decisões de modo racional-legal, ainda que possam admitir, em maior ou menor grau, a utilidade de se fazerem consultas prévias às bases, ou a segmentos delas. As organizações, com isso, tornam-se rígidas. Muitas vezes são altamente eficientes, mas tendem sempre a se converter em ambientes pesados, pouco criativos, onde se respira um ar viciado e não existe espaço para divergências – onde, por extensão, não há condições favoráveis para a emergência de novas ideias. Com o tempo, tais organismos enferrujam. No caso dos partidos políticos, por exemplo, não somente perdem coerência programática e capacidade de acompanhar as mudanças da realidade, como também acabam por mergulhar em seguidas guerras internas, que invariavelmente terminam em divisão, em expulsões, em expurgos, em processos mais ou menos "sangrentos" de caça às bruxas. Nessas ocasiões, o poder interno costuma mostrar todas as suas garras e usar todos os seus artifícios.

O segundo modelo é, em princípio, oposto ao primeiro. Ele concebe as organizações como algo em construção permanente, dinâmico, que se fortalece a partir de sua própria diversidade. Supõe uma maior flexibilidade organizacional. Entre cúpulas e bases estabelece-se uma relação de mão dupla: os dirigentes existem não porque sabem o que é melhor, mas porque possuem atributos de liderança que podem ajudar as organizações a escolher melhor. Recorrem a expedientes de tipo racional-legal, mas não concebem esses expedientes como recurso principal, e sim como mero parâmetro. Sua razão de ser repousa na capacidade de fazer frutificar o mais amplo debate nas bases sem postergar em demasia as decisões fundamentais. Sua conduta, portanto, é mais dialógica e estratégica do que normativa e sistêmica.

Podemos chamar este segundo modelo de *centralismo democrático*: as "bases" participam ativamente do processo de tomada de decisões; avançando por círculos sucessivos, as diferentes opiniões vão se condensando e compondo uma "opinião geral", a partir da qual se estabelece a necessária unidade de ação do conjunto. A unidade de ação, porém, não é negociável. A minoria subordina-se à maioria, as bases obedecem ao centro dirigente, os divergentes mudam de opinião, silenciam ou saem de cena.

Também aqui podemos verificar a presença viva do controle e da disciplina. De certo modo, é como se o centralismo democrático flertasse inconscientemente com o centralismo burocrático. A democracia interna existiria, a divergência de opiniões seria bem-vinda e o debate coletivo seria o principal fator para que se definissem as diretrizes gerais de atuação a serem implementadas pela direção. O problema é que tal direção poderia terminar por "ler" as decisões com um olho só, ou seja, reinterpretando-as em função de seus interesses e de sua conveniência.

A questão do centralismo leva-nos necessariamente de volta ao tema da burocracia: da sua inevitabilidade e dos efeitos que tem sobre as organizações e seus integrantes.

Pode o centralismo democrático funcionar sem burocracia? Se não pode, como parece razoável ao menos em doses mínimas, não estaria também ele exposto ao risco de se contagiar e, com o tempo, de ir se burocratizando? Ou haveria algum antídoto para neutralizar o perigo?

A discussão é uma das mais recorrentes e apaixonantes no campo da teoria política. Não há organização que não deparou com o tema. Não há partido político que tenha escapado da acusação de estar se burocratizando, se enrijecendo e se afastando de suas bases. Todo dirigente partidário, todo diretor de empresa e todo chefe de seção já ouviram, ao menos uma vez, pelos corredores, a acusação infamante de estar "virando um burocrata".

A tese de que os partidos políticos, assim como as demais organizações, são entidades condenadas à burocratização foi exposta com muito vigor no início do século XX por um alemão, bastante influenciado pelas ideias de Weber e pelas concepções do sindicalismo revolucionário daquele período. Robert Michels (1876-1936) militou no Partido Social--Democrata Alemão e depois no Partido Socialista Italiano, de onde derivou, em 1923, para o Partido Nacional Fascista (Itália). Ensinou Economia Política nas universidades de Turim, Basileia e Perúgia, mas ficou mesmo conhecido pelo livro *Sociologia dos Partidos Políticos*,[2] publicado pela primeira vez em 1911. Sua argumentação merece ser conhecida.

Michels partiu de algumas hipóteses bombásticas. Para ele, a democracia não seria possível sem organização e, precisamente por isso, carregaria consigo a maldição de toda e qualquer organização: a tendência à *oligarquização*, ou seja, a que os dirigentes se convertam num agrupamento com interesses próprios, sobrecarregado de poder e disposto a fazer de tudo para manter o poder, se necessário desconsiderando os interesses das bases. Todo grupo dirigente seria uma oligarquia em embrião.

Michels era realista, mas era também elitista. Para ele, nenhuma organização, mesmo a mais democrática, teria como evitar a presença dominante das elites, dos pequenos grupos dirigentes, das cúpulas governantes. Fez dessa convicção uma regra universal: a "lei de bronze da oligarquia", segundo a qual a oligarquia é a "forma preestabelecida da vida em comum dos grandes agregados sociais". Algo inextinguível, como o bronze. Ao menos no interior das organizações, a história nada mais seria que uma sucessão ininterrupta de oligarquias dirigentes.

Para Michels, inúmeras razões técnicas e administrativas fazem com que o autogoverno seja impossível nas grandes organizações. Toda organização forte necessita de uma lide-

---

2   MICHELS, Robert. *Sociologia dos partidos políticos*. Tradução Arthur Chaudon. Brasília: Editora UnB, 1982.

rança profissionalizada, de um corpo dirigente inteiramente dedicado a ela. A coletividade não pode resolver todas as controvérsias e todos os problemas que surgem no dia a dia. Os "fatos oligárquicos" seriam historicamente inevitáveis. Na melhor das hipóteses, podemos aprender a conviver com eles. A própria democratização empurra as coisas nesse sentido. Ela tem, segundo Michels, um "curso parabólico": para seguir em frente precisa de organização e ao se organizar tende a declinar à mesma medida que aumenta a influência dos líderes. As próprias organizações, à medida que se fortalecem, criam diversos postos remunerados e cargos de chefia ou coordenação, que vão servindo para atrair pessoas que se destacam nas bases ou que se mostram mais "leais" aos dirigentes. Estes, por sua vez, remetem-se nominalmente às bases, mas operam com grande independência delas. Acabam por seguir caminhos próprios. Tendem até mesmo a se devorar, ávidos pela manutenção das posições de poder que chegam a acumular.

Não foi à toa que Michels aceitou a ideia de que o melhor governo é o que se apoia claramente na prevalência das elites e na direção de um líder carismático forte, capaz de se impor e de conduzir. A direita fascista e Mussolini o seduziram, com seu movimentismo, seu desprezo pela vida partidária "burguesa", sua ojeriza à democracia liberal e ao Estado representativo.

Dos cárceres fascistas, para onde foi remetido no final de 1926, o comunista Antonio Gramsci levou em conta as opiniões de Michels. Gramsci também era realista e sabia que, com o avanço da modernidade capitalista, a atividade política havia se sofisticado e passara a exigir que os líderes se profissionalizassem e se especializassem cada vez mais. Com isso, a própria modernidade produzia um impulso adicional em favor da prática burocrática e, por extensão, da separação entre governantes e governados. Os dirigentes, dizia Gramsci, tendiam a se "afastar cada vez mais da massa, dando margem à flagrante contradição que se manifesta nos partidos avançados entre as declarações e as intenções democráticas e a realidade oligárquica".[3] Questões eminentemente técnicas – associadas, por exemplo, à divisão do trabalho e às exigências de preparo intelectual – acabam por facilitar tal separação. Os músicos de uma orquestra, lembrava Gramsci, não acham que o maestro é um tirano oligárquico.

Tratava-se portanto de um problema real, difícil de ser contornado. Diante dele, parecia haver apenas uma saída: a participação ativa dos seguidores na vida organizativa e na vida intelectual dos partidos, ou seja, nas discussões e em todas as demais atividades deliberativas. O ideal seria que se formasse "um estrato médio o mais numeroso possível entre os chefes e as massas", que servisse de equilíbrio tanto para "impedir que os chefes se desviem nos momentos de crise radical",[4] quanto para elevar sempre mais as bases. Gramsci era realista, mas era também democrata.

Democratizar a burocracia?

O partido estruturado como centralismo democrático correspondeu a uma fase heroica do movimento socialista. Foi o modelo de partido projetado por Lênin e seguido por todos os partidos comunistas ao longo do século XX. Correspondeu às necessidades da luta política na época em que ela se fazia em condições extremamente adversas. Foi um modelo desenhado para dar sustentação a uma operação revolucionária, ou seja, a uma grande transformação, a uma mudança nos termos em que se organizava

3 GRAMSCI, A. *Cadernos do cárcere*, op. cit., v.3.
4 Ibidem.

o poder, o Estado e a sociedade. Tinha relação, também, com o próprio modelo de organização do trabalho que então vigorava nas fábricas e nos escritórios, onde a burocracia reinava soberana.

De qualquer forma, ele nunca foi unânime. Nos próprios ambientes revolucionários o princípio do centralismo democrático recebeu críticas, foi contestado e passou por correções. O divisor de águas sempre foi a democracia interna, a participação das bases, o que vale para partidos e para todas as demais organizações: democratizar as decisões, democratizar o poder; discutir o máximo, buscar o máximo de eficiência; assimilar a divergência, transformando-a num fator de crescimento. Uma perspectiva que só fez se reforçar com a radicalização da modernidade.

A burocracia tem acompanhado as vicissitudes do capitalismo, adaptando-se a elas e ajudando a reproduzi-las. O prolongamento radicalizado do modo de vida moderno continua a fornecer bases objetivas para a burocracia, que se mantém pautando as organizações. Mas não há como negar que, nas condições de uma sociedade plural, diversificada, reflexiva e veloz, a burocracia não tem como permanecer intacta. É forçada a se rever. Ou se abre e se democratiza, passando a incorporar novos hábitos, ritmos e valores, ou não tem como se sustentar.

Afinal, como há uma maior liberação das individualidades, como a incerteza e o risco se tornaram imanentes ao próprio modo de ser das sociedades, como tudo passou a girar velozmente, como todos tendem a possuir alguma dose de autoridade técnica, de informações e de conhecimentos, seria inócuo tentar repetir exaustivamente, como um mantra, as antigas maneiras de organizar a vida e as atividades. O modelo burocrático está em atrito com a realidade. Seus princípios básicos tornaram-se conflitantes com a cultura e as características da vida contemporânea, com sua mobili-

POTÊNCIA, LIMITES E SEDUÇÕES DO PODER

dade e sua diferenciação, com sua rapidez, suas exigências de iniciativa, criatividade e participação.

A burocracia, no entanto, tem seus trunfos, suas cartas na manga. Não pode ser simplesmente apagada do mapa. A racionalidade capitalista, ao se repor, vai-lhe fornecendo oxigênio e alimento. Há um dinamismo no modelo que o faz se reconstituir, preservando suas características básicas e ao mesmo tempo incorporando expedientes técnicos, métodos e procedimentos que, em tese, lhe seriam estranhos. A forma típica de organização burocrática – toda modelada pela rigidez organizacional própria da modernidade capitalista – está sendo substituída por uma *forma renovada* de burocracia, ainda em processo de formatação, que acompanha os passos do processo mesmo de radicalização da modernidade.

Hoje, as organizações estão imunizadas contra os efeitos de normas estatutárias ou de regras sistêmicas duras. Mostram-se bem mais dispostas a experimentar formas deliberativas ampliadas. Longe de agregar valor à autoridade, a época transfere expectativas para a construção dialógica das decisões. Exige uma modalidade comunicativa de gestão e um poder democrático.

Poderíamos falar assim: já que a modernidade se radicalizou, uma modalidade democrática de centralismo só é viável se for pensada em termos radicais.

As organizações atuais requerem novas estruturas de poder. Não se trata apenas de *empowerment*, de transferir poder para as pessoas, como pregam certos discursos gerenciais. A questão é bem mais de reorganizar o poder, de modificar a relação entre cúpulas e bases, de alterar o modo como se governa e se administra, o modo como se convive nas organizações. As organizações atuais só podem funcionar bem se forem integradas por pessoas que se distinguem pela posse de recursos intelectuais abrangentes e pela capacidade de juntar especialização técnica e visão política do mundo. Pessoas que saibam aceitar e projetar a democracia como valor fundamental, que se disponham a navegar na complexidade, a trabalhar em rede e de modo cooperativo, a manusear e selecionar informações, a produzir cultura e conhecimento.

Um centralismo democrático radicalizado qualifica-se pela capacidade de compreender os processos sociais de modo crítico e abrangente, pensando a crise e a mudança acelerada. Em decorrência, debruça-se sobre as organizações não como algo dado, mas como um vir-a-ser dialético, dinâmico, contraditório e imune a imposições administrativas, vindas "de cima".

Sua força advém do reconhecimento de que uma instância ordenada e coletiva de vida, de ação ou de trabalho não se contrapõe aos indivíduos ou à vida individual. O indivíduo é sempre um ser social, e aquilo que é coletivo pode ser democrático e emancipar. Pode pressupor e alimentar a existência de espaços internos que tornem possível e estimulem a mais livre manifestação dos interesses, das opiniões e dos desejos de seus integrantes. Em uma organização democrática, o poder não oprime nem manda: ajuda a organizar. Recusa o decisionismo, ou seja, a determinação de decidir a qualquer custo, rapidamente, por espasmos.

Como veremos com mais detalhes no capítulo 6, o poder democrático é um *poder forte*, capaz de resolver problemas e criar condições superiores de convivência e de ação coletiva. Não é um *poder fraco*, impotente perante os conflitos que o cercam e paralisado pelos desafios que se sucedem em cascata. Aqui também temos um paradoxo, ou uma inversão de significados. O poder forte não é o que se excede em poder, mas o que usa o poder para se conter. O poder fraco, por sua vez, pode muitas vezes caracterizar-se precisamente pelo abuso de poder. Sendo fraco, o governante pode ficar mais tentado a exibir uma força que não possui. A prepotência serviria assim de escudo para ocultar sua impotência.

5 Autoridade e liderança

Se a modernidade se radicalizou nos termos em que argumentamos no capítulo 2, então o exercício do poder só faz sentido se ele se dedicar a dirigir pessoas, articular interesses e formar consensos. Falando de outro modo, a autoridade e a liderança passaram a ser bem mais importantes do que a força ou o cargo para se ter uma relação democrática e produtiva com o poder.

A distinção entre poder e autoridade é tradicional no pensamento político. Uma das maneiras usuais de fazer essa distinção é explorando a distinção entre *poder de fato* e *poder de direito*. A autoridade seria, nesse caso, o poder autorizado, ou seja, legítimo, na medida em que seu detentor o exerce respaldado por um conjunto de normas (escritas ou não) que estabelecem quem, numa dada comunidade ou associação, tem o direito de comandar e de ter seus comandos obedecidos. É a posição de Norberto Bobbio, por exemplo: "a autorização transforma o simples poder em autoridade".[1]

---

1   BOBBIO, Norberto. *Teoria geral da política*. A filosofia política e as lições dos clássicos. Organização de Michelangelo Bovero, tradução Daniela B. Versiani. Rio de Janeiro: Campus, 2000. p.235.

O direito, portanto, nessa concepção, é o fator que justifica, institui e fundamenta o poder político, distinguindo-o das várias formas de poder de fato. A autoridade é o poder tutelado por algum tipo de lei.

O pressuposto aqui é simples. A referência a um princípio de legitimação é o que converte o poder de impor deveres em um direito e transforma a obediência em um dever, fazendo que uma relação desigual de força se converta em uma relação jurídica. Como disse Rousseau no *Contrato social*, "o mais forte nunca seria suficientemente forte se não transformasse sua força em direito e a obediência em dever".[2]

Um rei somente tem autoridade quando governa com base em um poder que lhe foi atribuído por uma lei superior a ele mesmo. Um ditador que chegue ao poder mediante um golpe de Estado que suspende ou cancela as leis em vigor tem poder, mas não necessariamente autoridade. Por isso, quase invariavelmente, recorre à violência física, à coação, à pressão sobre seus adversários e sobre aqueles que se submetem a ele. É como se lhe faltasse uma base moral para chamar o povo a segui-lo.

A história, como sabemos, está cheia de situações em que o poder é usurpado ou conquistado pela força. Revoluções, guerras e crises políticas sempre fornecem combustível para tais situações. A ditadura que emerge de um golpe de Estado será, porém, um evento passageiro enquanto não se institucionalizar e de algum modo criar um direito para si. Sem isso, sua continuidade estará ameaçada.

As relações entre poder político e direito são complexas e dinâmicas. Ora o poder cria e modela o direito, ora o direito fundamenta e constitui o poder. Foi essa a base da

---

2   ROUSSEAU, Jean-Jacques. Do contrato social. In: _____.*Rousseau*. São Paulo: Abril, 1973, p.31. (Os Pensadores).

célebre questão levantada pelos gregos da época clássica: qual o melhor governo, o dos homens ou o das leis? Era um problema incômodo e os gregos tentaram resolvê-lo num plano elevado: o melhor governo seria aquele que se mostrasse capaz de tornar virtuosa a convivência dos cidadãos. Acreditavam, com extraordinário bom-senso, que o bom governante é tão determinante quanto a boa lei, mas leis e homens precisam interagir sempre. Um mau governante deve encontrar nas leis um freio que o coíba e o discipline, assim como uma boa lei só pode frutificar se encontrar bons homens para defendê-la e aplicá-la. O bom governo busca o bem comum, o mau governo persegue o próprio bem dos que governam. O bom governo, em suma, governa segundo leis estabelecidas e não segundo decisões tomadas caso a caso, fora de qualquer regra preliminarmente constituída, aceita e respeitada por todos.

Impulsionada por Aristóteles, a resposta que prevaleceu nessa discussão foi a que valorizou as leis, entendidas não apenas como criação de um legislador, mas sobretudo como algo derivado das experiências, das tradições e da visão do mundo de uma comunidade. Mesmo aqueles pensadores, como Hobbes, Rousseau e Hegel, que não eram propriamente defensores do governo das leis, jamais deixaram de reconhecer o primado da lei como fonte do direito e principal instrumento de dominação.[3] A ideia de que o "governo das leis" é superior ao "governo dos homens" chegou à era moderna e se inseriu em lugar de destaque na arquitetura do Estado democrático e representativo, que é, essencialmente, um Estado no qual as normas constitucionais regulam, limitam e penalizam tanto os governados quanto

---

3 Ver, a respeito, BOBBIO, Norberto. Governo dos homens ou governo das leis?. In: _____. *O futuro da democracia*. Tradução Marco Aurélio Nogueira. 7.ed. revista e ampliada. São Paulo: Paz e Terra, 2000. p.165-85.

os governantes. Poder-se-ia substituir a expressão "normas constitucionais" por "tradições" e entenderíamos de modo mais amplo a questão das formas de legitimação do poder.

Vendo as coisas por esse ângulo, podemos compreender algumas situações típicas. Saddam Hussein – que governou o Iraque durante décadas e terminou enforcado em 2006, depois que o exército norte-americano invadiu o país e alterou a correlação de forças – exerceu o poder com mão de ferro. A minoria árabe-sunita em particular, a que ele pertencia, apoiou-o muitas vezes com entusiasmo e lealdade. Ao mesmo tempo, seu governo usou e abusou de arbitrariedades, foi contaminado por caprichos pessoais e cometeu muitas atrocidades. É um caso que nos mostra que o poder pode ser *legítimo* – isto é, estar autorizado e ser reconhecido como tal pelos governados – sem que seja necessariamente *legal*, ou melhor, sem que esteja respaldado por regras claras que o regulem e o limitem.

O golpe de Estado que levou Hitler ao poder na Alemanha dos anos 1930 mostra-nos, por outro lado, que a vigência de normas constitucionais consistentes nem sempre é suficiente para conter os vendavais perversos da História. Uma crise orgânica e profunda como a que inviabilizou a continuidade da chamada República de Weimar abriu caminho, ao longo da década de 1920, para a ascensão violenta dos nazistas. O poder legal nem sempre tem força ou recursos para contrastar e refrear o poder de fato. Hitler banhou de sangue a Alemanha e o mundo, mas governou valendo-se de tradições caras ao povo alemão, manipulando-as até o limite do fanatismo mais irracional e selvagem. Foi arbitrário, prepotente, desumano, um político doente e desequilibrado, mas conseguiu manter mobilizados, por algum tempo, milhões de alemães que o viam como o autêntico *Führer* que salvaria e engrandeceria a pátria ameaçada.

Legitimidade

Pode-se, portanto, conquistar ou seduzir os governados de muitas maneiras e com as mais díspares motivações. Todo governante, na verdade, procura dar a seus atos uma base moral, associá-los a crenças e convicções reconhecidas ou que se imaginam aceitas. Quer que os governados identifiquem-se com ele, obedeçam com convicção ou até com prazer. Pretende fazer com que a relação de comando e obediência fique recheada de razões, motivos e justificativas.

A *legitimidade* é uma caixinha de surpresas, um tema que jamais sai de discussão. Por que os homens aceitam ser dominados mesmo quando não são ameaçados? Por que se submetem à autoridade de um outro? Por qual "encadeamento de prodígios", perguntava-se Rousseau, os mais "fortes" (a maioria) aceitam servir e obedecer aos mais "fracos", muitas vezes chegando às raias da mais completa submissão?[4]

No início do século XX, interessado em decifrar o enigma, Max Weber deu destaque não só aos meios externos (a coação física, as armas, os vários recursos de poder) que viabilizam a obediência dos dominados, mas sobretudo às "razões internas" que justificam a dominação, isto é, ao modo como os dominados entendem e aceitam a dominação. Chamou tais justificações, que tendem a se internalizar no imaginário e na consciência de governantes e governados, de "fundamentos da legitimidade". Elaborou uma tipologia famosa, baseada na construção de três tipos puros de dominação legítima.

Antes de tudo, haveria o peso dos "costumes santificados pela validez imemorial e pelo hábito, enraizado nos homens, de respeitá-los". O governante que se apoia nisso para se fazer

---

4 ROUSSEAU, Jean-Jacques. Discurso sobre a origem e os fundamentos da desigualdade entre os homens. In: _____. *Rousseau*. São Paulo: Abril, 1973. p.241. (Os Pensadores)

obedecer encarna o *poder tradicional*. Em segundo lugar, existiria a autoridade que se funda nos dons pessoais e extraordinários de um indivíduo singular, cujos atos heroicos e cujas qualidades prodigiosas o converteriam em um líder quase natural. É o *poder do carisma* (do grego *charisma*: "dom da graça"). Por fim, haveria a autoridade que se impõe em razão da "crença na validez de um estatuto legal e na competência fundada em regras racionalmente estabelecidas". A obediência, neste caso, acata obrigações compatíveis com um dado estatuto. Este seria o *poder racional-legal*, tal como exercido pelo burocrata, pelo governante moderno, pelo policial dos dias de hoje, pelo diretor de uma organização complexa.

Weber sabia bem que, na realidade concreta, a obediência dos governados está condicionada por motivos "objetivos" bem claros, quase sempre ditados pelo medo, pelo interesse ou pela esperança de obter uma recompensa, uma vantagem futura. Mas acreditava que aqueles três "fundamentos da legitimidade" manifestavam-se de modo incontestável, ainda que não de forma pura e cristalina. Eles eram "tipos ideais", isto é, conceitos construídos pela razão a partir de uma estilização que isolava e ampliava certos traços individuais do fenômeno, de modo que delineasse uma individualidade típica, "ótima", logicamente independente das flutuações do real.

Justamente por isso, não se encontrariam tipos puros na realidade efetiva da política e da dominação. No lugar deles, teríamos tipos mistos, que combinariam de maneira complexa e dinâmica certas características de um ou outro dos tipos puros. O próprio Weber sempre valorizou a força que a autoridade carismática demonstrava ter nas mais diversas situações, e particularmente nas sociedades modernas, onde prevaleceria uma legitimidade de tipo racional-legal. Chegou mesmo a pensar que o líder carismático, com todo o seu "irracionalismo", poderia se converter na única força capaz de controlar a "enorme prepotência do segmento burocrático", expressão perfeita do poder racional. O carisma, os partidos políticos de massa e um parlamento atuante formariam a base do que Weber chamava de "democracia plebiscitária", um autêntico tipo misto de dominação.

Mesmo o governante mais obcecado com a questão administrativa – daqueles que acham que se governa de modo "técnico", sem ideologia e sem paixão, por exemplo – esforça-se para legitimar seus atos e discursos. Ele deseja atrair os que estão a ele submetidos, convencendo-os a trocar de expectativas, a não "sonhar alto demais". Deseja ter uma relação de identidade com os governados, convencê-los de que ele e seu método de governar expressam precisamente aquilo que todos almejam.

Do mesmo modo, quando um governante conclama seus súditos a segui-lo numa aventura desprovida de grandeza ou manipula os ingredientes de fanatismo ou fundamentalismo que jazem, adormecidos, no inconsciente coletivo, ele está tentando conquistar corações para fazer com que vertam sangue de ódio, preconceito ou irracionalismo destrutivo. Quando Hitler mobilizou largas faixas da população alemã para uma guerra em nome do espaço vital e da pureza ariana, transformando seus seguidores em verdadeiros justiceiros de judeus, de comunistas e de indivíduos "frágeis e imperfeitos", conquistava corações mas jogava com emoções vulgares, perversas, mortíferas.

Há que existir, portanto, algum critério para se avaliar a legitimidade de um governante. Não é qualquer gesto dedicado a operar sobre os afetos e as motivações que merece aplauso. Ele precisa estar referenciado tanto pela história e pela cultura mais profunda da comunidade em questão quanto por valores grandiosos, aquilo que muitos chamam de patrimônio ético-político da humanidade. Sem essa junção do específico e do universal, deriva-se facilmente para fanatismos separatistas (a xenofobia, o regionalismo, o "corporativismo") ou para pregações moralizantes desprovidas de maior capacidade de direcionamento e de mobilização construtiva.

É uma operação difícil, pois muitas vezes somos levados a acreditar que nosso modo de pensar e de organizar a convivência é o único ou o melhor modo possível e acabamos por achar que ele deveria ser seguido por todos os povos. O fato, por exemplo, de muitos regimes políticos árabes ou africanos não praticarem a democracia liberal não tira a dignidade nem a legitimidade de seus governantes. O regime político de Cuba, com Fidel Castro à frente, não pode ser sumariamente qualificado como "ditadura" apenas porque não valoriza, como muitos países ocidentais, a rotina eleitoral e o revezamento no poder. É preciso olhar as coisas com mais cuidado e mais atenção, até mesmo para que seja possível criticá-las com maior contundência.

Acontece o mesmo na outra ponta. A adesão entusiasmada da maioria da população a uma ideia não indica que se trate de uma boa ideia ou de uma direção política meritória. O fato de que determinada classe social, representativa do que há de melhor numa comunidade, identifique-se com um governo e dê a ele todo o apoio não comprova a justeza desse governo, nem o acerto de suas proposições. Um "governo popular" ou um "Estado da classe operária", por exemplo, não são automaticamente bons apenas porque se reportam aos trabalhadores ou à maioria do povo. Será preciso avaliar com rigor o desempenho efetivo desses governos, ver como se estrutura seu poder, quais são seus procedimentos para a tomada de decisões e, claro, que resultados concretos aparecem ao fim de um dado período.

Chefes, líderes e liderança

A discussão sobre poder e autoridade nos leva, assim, para um terreno acidentado.

POTÊNCIA, LIMITES E SEDUÇÕES DO PODER

A autoridade é superior ao poder, mas nem sempre é "boa" em si mesma. Pode existir uma autoridade – um poder reconhecido e autorizado – que pratique atos lesivos ou que seja sustentada por motivações fanatizadas e absurdas. O poder de fato, por sua vez, não é necessariamente "mau" nem está destinado a prejudicar uma população. Pode ser libertador e justo, por exemplo, quando se constitui no bojo de um processo de luta contra demandas e arbítrios.

Na base dessa discussão, portanto, existem outros elementos importantes que precisam ser considerados.

Não se governa num plano ideal, abstrato ou indeterminado. Governa-se uma comunidade concreta, composta por pessoas de carne e osso, que têm história e fazem história. Sem assimilar os elementos histórico-culturais que estão na base de qualquer governo, sem incorporá-los ao ato mesmo de governar, o governante não governa: não pode ter a pretensão de interferir nos rumos de sua comunidade, direcioná-la. Pode, quando muito, administrá-la, ou seja, estabelecer algumas prioridades, tocar obras, cuidar das finanças públicas, alocar recursos financeiros, técnicos e humanos, prestar serviços, e assim por diante. Não tem como mexer naquilo que move as pessoas: seus interesses, suas perspectivas, suas ideias e suas emoções.

Desse ponto de vista, o governante confunde-se com a figura do *líder*. Não só deve gerir os recursos de que dispõe e cumprir determinados ritos executivos como deve também forjar ideias, apontar caminhos, mobilizar e abrir novas possibilidades às pessoas e às forças sociais. Ele fornece o cimento e a chama que podem promover a fusão dos diversos setores de um governo e a aproximação entre eles e a população, injetando uma nova dinâmica ao ato de governar.

Liderança e autoridade não são a mesma coisa. O poder muitas vezes só pode ser exercido com êxito se seu detentor tiver a capacidade específica de fazer que os demais o sigam e de influenciá-los de modo determinante. O *líder*, de fato, é alguém que está na dianteira de um processo e que reúne certas qualidades pessoais (técnicas, intelectuais, política, morais) que lhe dão prestígio suficiente para *dirigir*. O poder do líder se diferencia bastante do poder do *chefe*, uma vez que o líder não necessita de um cargo ou de uma nomeação para liderar, ao passo que aquele que chefia sempre o faz a partir de uma base formal. A capacidade que tem um líder de dirigir, independentemente de cargos ou funções, flui por outros canais. Levada ao limite, a ideia sugere que muitas vezes, numa comunidade ou numa associação, não são os chefes que contam, mas os líderes. Cargos formais nem sempre são a melhor plataforma para se fazer algo de útil e produtivo. O poder, nesse caso, não está neles.

É evidente que liderança, poder e autoridade podem se reunir numa mesma pessoa ou num mesmo grupo de pessoas. Essa talvez seja, aliás, a meta comum de todos os chefes, governantes e dirigentes. Muitos deles até mesmo embaralham os termos, apresentam-se como líderes quando na verdade não passam de chefetes sem charme, pequenos tiranos que infernizam a vida das pessoas sem acrescentar nada a ela. A liderança, afinal, é bem mais sedutora e simpática do que a chefia ou a autoridade. Tem uma conotação positiva, que produz um som agradável aos ouvidos. Todo chefe – todo ator político, todo ativista, todo funcionário – sonha com o dia em que será tratado como líder por seus companheiros ou por seus subordinados.

Mas um líder é um líder, e um chefe é um chefe. Não vale a pena menosprezar ou perder a distinção. O chefe manda e domina, o líder comanda e dirige. O chefe emprega a força (dos estatutos, das portarias, das armas) e a coerção, o líder constrói consensos e articula. Não precisamos, é claro, exagerar as diferenças entre um e outro até porque, como vimos, na vida real as coisas quase sempre se misturam.

Poderíamos assim dizer que um líder é aquele que, no interior de um grupo, ocupa uma posição que o habilita a influenciar de forma determinante as decisões de caráter estratégico e as orientações do poder de fato. Na medida em que corresponde a certas expectativas grupais, obtém apoio e legitima-se.

Mesmo quando age de forma rotineira, isto é, sem pôr em movimento qualquer operação que modifique a condição do grupo ou o force a rever procedimentos e estratégias, o líder dialoga com o imaginário das pessoas. Sua ascendência não depende nem de força nem de argumentos de autoridade formal. Ele é seguido porque se cola à experiência viva do grupo e se identifica com ela. Evidentemente, quando o líder é inovador e busca projetar o grupo para um outro patamar existencial, funcional ou organizacional, essa qualidade se destaca ainda mais e mostra todo o seu valor.

De qualquer forma, ao discutirmos chefia e liderança, autoridade e poder, somos levados a descobrir outras dimensões e outras distinções inerentes ao espaço do poder. É o caso, por exemplo, das relações entre domínio e direção, coerção e consenso, técnica e política. São relações que nos ajudam a entender que, no terreno do poder, a força ou o cargo nem sempre fazem girar os moinhos. Nesse terreno, pesa bastante o *poder das ideias*.

O poder das ideias

A preponderância da liderança sobre a chefia, da autoridade sobre o poder, da direção sobre a dominação depende sempre de uma relação criativa e vigorosa com as ideias. Particularmente quando as comunidades ou as associações atingem um grau avançado de complexidade ou de crise – como nos dias atuais –, não há como imaginar que governos "técnicos" ou "autoritários" consigam armazenar a potência necessária para resolver problemas dramáticos e polêmicos (como o da fome e o da pobreza, por exemplo), unificar interesses e criar novos horizontes de convivência. A força, as razões administrativas e a exigência de produtividade não são de modo algum o melhor caminho para se chegar a formas solidárias e democráticas de sociabilidade ou a novos pactos de convivência. *Dirigir* ficou muito mais importante do que *dominar*.

A política é sempre uma combinação dialética de vontade e circunstâncias: os sujeitos que agem não estão inteiramente livres das circunstâncias em que agem. Se atuam em organizações, digamos, têm de se compor com regras e rotinas que freiem sua liberdade mas ao mesmo tempo lhes forneçam parâmetros de atuação. Movem-se sempre animados pela posição objetiva no processo produtivo e por interesses econômicos ou políticos, mas também, e talvez sobretudo, por valores, ressentimentos, paixões e utopias. Justamente por isso, precisam encontrar condições de construir projetos coletivos, que articulem e unifiquem aquilo que é diverso e plural.

A luta política que se destina a construir novos horizontes de sentido para uma comunidade supõe, assim, a superação do corporativismo, isto é, da ação fechada em si mesma, autorreferida, que se concentra exclusivamente nas motivações e nos interesses de um dado grupo e é, neste sentido, qualitativamente "inferior", ainda que possa ter méritos e justificativas razoáveis, como vimos no capítulo 4. Os interesses brutos e imediatos de um determinado grupo organizado, ou mesmo de uma "maioria", não qualificam ou legitimam uma postulação política. Mais importante que isso é a capacidade que esse grupo (uma classe, um partido) tem de superar seus próprios interesses particulares e de se colocar na perspectiva da comunidade como um todo.

POTÊNCIA, LIMITES E SEDUÇÕES DO PODER

Aproximamo-nos assim do tema da *hegemonia*: capacidade de dirigir e construir consensos, não de dominar em sentido estrito ou proclamar interesses específicos.

Qualquer liderança que pretenda promover avanços significativos em termos de equilíbrio de forças, de distribuição do poder e de reforma da convivência em sua comunidade – ou que se preocupe em melhorar a posição relativa e a "competitividade" de uma associação – deveria atuar sempre com os olhos nos interesses comunitários futuros, não apenas nos interesses presentes. Poderia se apoiar num pedaço da comunidade (num grupo) "contra" os demais pedaços, mas seu intuito não seria o de provocar exclusões ou dilacerações, e sim o de tentar pôr em curso uma dinâmica que projete os grupos para além de seus interesses fragmentados, recompondo assim a comunidade como um todo.

Não há como construir hegemonia baseada em uma visão fechada ou concentrada em determinados interesses. O ator que se propõe à hegemonia precisa protagonizar as reivindicações de estratos sociais mais amplos não apenas as de seu grupo imediato de referência ou da classe social a que se filia ou com que se afina ideologicamente. Ele precisa, em suma, apresentar soluções para os diferentes problemas dos diferentes grupos sociais, de modo que se torne dirigente de todos, não só de alguns. No fundo, dedica-se a equilibrar a dinâmica dos interesses com a dinâmica da opinião política.

A ideia de hegemonia não se confunde com gestão ou conquista do poder em sentido estrito, nem com exercício do governo. Não pode ser aproveitada plenamente se for reduzida a uma estratégia que recusa rupturas e mudanças estruturais fortes, e que pensa que os avanços decorrem de operações feitas exclusivamente "dentro da ordem", sem turbulências ou atritos, mas também não tem que ver com visões espontaneístas ou voluntaristas, que jogam todas as energias, unilateralmente, naquilo que estaria "fora" do marco institucional e poderia ser ativado com base na vontade, na abnegação, na explosão social ou na desmoralização de toda e qualquer autoridade. Do mesmo modo que não se podem entregar as organizações a uma dinâmica deliberativa que não se completa, nenhum sucesso será alcançado a partir de uma hipervalorização do administrativo ou da decisão a qualquer preço. Uma coisa é acampar nos espaços do poder e usar seus recursos para racionalizar e modernizar os sistemas, outra coisa é agir, valendo-se do poder e de eventuais cargos ou recursos de autoridade formal, para fortalecer e politizar as organizações. A política é sempre uma forma de compartilhar destinos, não apenas de dominar e governar.

Hegemonia relaciona-se com capacidade de dirigir ética e politicamente, bem como com capacidade de fixar orientações significativas tanto para indivíduos isolados quanto para grandes agregados sociais. Relaciona-se, assim, com conquista de consensos: apoios, adesões, lealdades. O poder que promove formas novas de convivência depende essencialmente de consensos, isto é, da capacidade de obter adesões consistentes, modificar valores e orientações políticas, fixar parâmetros éticos, em suma, fundar uma nova cultura. A hegemonia é, assim, uma expressão avançada do *poder das ideias*.

O conceito de hegemonia, portanto, propõe uma articulação de novo tipo entre *domínio* (governo) e *direção* (consenso) ou, se for preferível, entre monopólio da força e capacidade de fixar horizontes de sentido, entre *poder* e *poder das ideias*. Só pode dominar com propósitos reformadores substantivos o ator que se mostrar capaz de dirigir ética e culturalmente, produzir lealdades e adesões, deslocar a seu favor orientações políticas e morais, acumular forças. Um primado intelectual, moral e civil, por sua vez, só adquire condições de existência na medida em que existam lideranças intelectuais atuando para criar novas concepções do mundo e novas tradições ético-políticas. Não há luta pela hegemonia – nem luta política propriamente dita – sem batalha de ideias: sem diálogo, assimilação de valores, embate cultural.

Ainda que se vincule predominantemente a direção ético-política e a cultura, a ideia de hegemonia não traz consigo a negação da *ação política*, nem muito menos a recusa de se chegar ao poder e usá-lo para promover reformas radicais, rupturas ou deslocamentos de forças. A luta pela hegemonia combina-se sempre, de um modo ou de outro, com luta pelo poder político em sentido estrito. Não se completa nem faz sentido sem isso. Toda batalha de ideias é essencialmente uma batalha pelo poder, pela autoridade, pela direção. A questão é de foco. Não se trata apenas de deter o poder, mas de fundar novos "Estados".

Não se pode conceber o poder como algo infenso e angelical, nem como algo que se possa dispensar. Não nos livraremos do poder só porque não gostamos dele ou não queremos nada com ele. O poder sempre existirá e o melhor é que aprendamos a conviver com ele, para discipliná-lo e submetê-lo. Sempre há batalhas de ideias e disputas de poder nos agregados humanos: luta cultural, esforço para conquistar mentes e corações, desejo de sobrepujar e de se destacar. O poder democrático é o que melhor convive com isso. Ele se orienta mais pela busca do consenso que da coerção, mais pela construção de campos ideais que dirijam as pessoas do que pela dominação.

6 Limitar, dividir e compartilhar o poder

A rigor, não existe *o* poder. Vivemos sempre em um sistema de poderes. Ao longo do tempo, a humanidade dedicou-se a dividir o poder para tentar controlá-lo. Com isso, ao fracionar o poder, também acabou por multiplicar os poderes.

O poder de mandar, de um lado, e o poder da lei, de outro. Sempre houve um poder dedicado a dizer o que é certo e errado, lícito e ilícito, legal ou ilegal, em uma dada comunidade. Sempre houve "executivos" e "juristas", chefes e conselheiros, guerreiros e guardiões espirituais. Muitas vezes tentou-se contrastar a impetuosidade decisionista do governante com a ponderação legal e o arbítrio dos juízes. O grande legislador foi invariavelmente tão admirado quanto o grande líder. Mesmo assim, houve épocas em que os poderes estiveram bem mais concentrados, chegando mesmo a se reunir numa única pessoa.

O mundo moderno nasceu das ruínas do tradicionalismo feudal e da crise do império teológico da Igreja Católica. Foi embalado pelo absolutismo, pelo direito divino dos reis, pela conquista colonial das Índias e das Américas. Em seus momentos inaugurais, até por volta do início do século XVIII,

POTÊNCIA, LIMITES E SEDUÇÕES DO PODER

havia pouca lei e muita ação, mais sangue e volúpia que razão. O poder político estava efetivamente concentrado nas mãos da velha aristocracia e se manifestava de modo implacável. O Estado absoluto não foi uma palavra de efeito. Os poderosos daquela época foram incontrastáveis.

O Estado absoluto representou uma importante etapa da história do mundo moderno. Respondendo por seus atos "somente a Deus", os reis centralizaram e concentraram o poder e puderam com isso impulsionar decisivamente o desenvolvimento econômico que então se iniciava. Criaram serviços públicos, aperfeiçoaram e reforçaram a cobrança de impostos, dobraram a preponderância da Igreja Católica, procuraram desenhar as fronteiras nacionais e unificar a população, incentivaram a agricultura e a manufatura, apoiaram as atividades comerciais, sobretudo aquelas que se dedicavam a explorar as Índias e as Américas.

O mercantilismo foi sua política econômica, uma verdadeira plataforma para o lançamento e a vitória do capitalismo. Coordenando as atividades comerciais voltadas para o exterior, o Estado passou a praticar política econômica de modo sistemático. Com isso, não somente viabilizou a expansão das trocas e a acumulação das riquezas no interior dos territórios como também se fortaleceu como aparato administrativo e como associação política. Por intermédio do mercantilismo, o Estado absoluto agiu como uma espécie de empresário capitalista coletivo.

O mercantilismo expressava a exigência histórica de fortalecimento do Estado. Sem centralização política e administrativa, não teria sido possível, por exemplo, ultrapassar a atomização feudal, que era ineficiente demais para sustentar a formação das nações emergentes. A expansão ultramarina também exigiria um maior esforço de coordenação governamental, sem a qual se corria o risco de desperdiçar as fabulosas riquezas que começavam a ser geradas. Os reinos precisavam acumular sempre mais e aumentar de modo consistente suas reservas de ouro e prata. Para tanto, nada mais adequado do que poder dispor de um Estado forte e bem organizado, que tomasse medidas para proteger o comércio e as manufaturas nacionais contra a concorrência estrangeira e que cimentasse os acordos de base entre os diferentes interesses sociais, fundindo-os com a política estatal. Era decisivo alcançar formas seguras de unificação nacional.

O Estado moderno veio à luz como um movimento de concentração e centralização do poder, caminho inevitável num momento em que se tratava de superar a fragmentação e a inoperância feudais. Foram assim unificando-se os exércitos, os aparatos jurídicos e administrativos, os poderes dos diferentes senhores. Aos poucos, fortaleceram-se as bases dos Estados nacionais tal como os conhecemos hoje em dia.

A razão de Estado

O auge do absolutismo foi marcado pela doutrina da "razão de Estado", do mesmo modo que seu declínio coincidiu com a luta pela limitação do poder do Estado, ou seja, pela prevalência do Parlamento sobre o Rei e pela constitucionalização da vida estatal.

A doutrina da "razão de Estado" evoluiu durante séculos e incorporou-se à experiência da modernidade. Em termos históricos concretos, foi inevitável que o Estado se apresentasse como portador de razões superiores e exclusivas, distintas das razões individuais ou grupais. A era moderna não foi o resultado de um mero espontaneísmo. Foi construída a ferro e fogo, e emergiu respingando sangue por todos os poros. Abriu passagem em meio a muitas resistências e a muitas contradições. Só veio à luz mediante um tenaz esforço para sobrepujar e dissolver a antiga era feudal, com seu cortejo de tradições e sua cultura.

Maquiavel (1469-1527) foi um dos gigantes desse processo. Secularizou o modo de se ver o poder, que foi por ele libertado do universo teológico. Foi um decisivo precursor da "razão de Estado". Sua ideia era simples, mas revolucionária: qualquer governo que queira construir um Estado ou fazer algo que o garanta como governo precisa possuir poder e saber exercê-lo. Em todos os Estados deve existir um poder supremo, o soberano, e nenhum outro poder (o de uma classe, de uma região ou o poder espiritual da Igreja) pode com ele rivalizar. Os países somente seriam unidos e prósperos se estivessem submetidos por inteiro a um governo. "Quando é preciso deliberar sobre uma decisão da qual depende a salvação do Estado" – escreveu Maquiavel em seus *Discursos sobre a Primeira Década de Tito Lívio* (1517) – "não se deve deixar de agir por considerações de justiça ou injustiça, humanidade ou crueldade, glória ou ignomínia. Deve-se seguir o caminho que leva à salvação do Estado e à manutenção da sua liberdade, rejeitando-se tudo mais".[1]

É fácil imaginar o impacto que esse modo de pensar teve na Europa que saía do feudalismo. Maquiavel foi rapidamente combatido como alguém que se importava exclusivamente com o poder pelo poder. Não foi tratado com justiça, sobretudo pelos pensadores ainda influenciados pela força da Igreja. Seu realismo incomodava, mas era a expressão do mundo novo que despontava. O indivíduo por ele projetado – na figura máxima do príncipe, mas também na dos cidadãos emergentes – não se submetia a leis ou ordens que não o beneficiassem e que não emanassem de seu próprio discernimento. Encontrava-se moralmente livre para pensar e agir como quisesse, orientando-se por sua capacidade de interpretar as exigências da história. Com isso, Maquiavel fez o poder político descer do céu. Converteu-o em algo não

---

1 MAQUIAVEL. *Comentários sobre a primeira década de Tito Lívio*. op. cit. p.419.

mais divino, mas terreno, algo que poderia ser conquistado e usado por todos os que se mostrassem hábeis e competentes para tanto, não apenas pelos que fossem ungidos pela fé ou pelos laços de sangue. Expôs sem dissimulações moralistas a potência do poder político. Depois dele, o poder passou a ser pensado como algo dotado de leis e regras específicas, distintas das leis e regras que orientam os homens "comuns", uma força motivada por razões próprias, nem sempre compatíveis com a moral das pessoas ou das instituições sociais.

Do ponto de vista imediatamente político, o absolutismo significou a configuração de um poder desembaraçado de leis e livre de processos de consulta popular. As diferentes funções estatais – a legislativa, a executiva, a judiciária, a fiscal – reuniam-se num só governante, mas não se tratava de um poder fora da lei e sim de um poder que não se deixava limitar pelas leis emanadas por um outro poder sem o seu consentimento ou a sua colaboração. Havia certos freios e certos limites. O soberano obedecia às leis divinas e às leis naturais, por exemplo, e não podia simplesmente pisotear as leis fundamentais do reino que dirigia, as leis da tradição ou as leis que regulavam os contratos entre particulares. O rei absoluto não era um tirano, na acepção vulgar da palavra.

Os reis tinham uma enorme margem de arbítrio e de "irresponsabilidade". E em nome disso foram de fato praticadas muitas barbaridades. O absolutismo dos séculos XVI-XVIII, porém, estava historicamente determinado. Respondia a circunstâncias específicas. Não era uma escolha de monarcas particularmente sedentos de poder absoluto. Séculos depois, também foram absolutistas as ditaduras de Hitler e de Mussolini. Nesse caso, porém, as circunstâncias serão bem distintas. O absolutismo nazifascista foi totalitário e selvagem. Pisoteou a democracia, a liberdade, os direitos civis e políticos, a dignidade humana. Foi imposto num contexto pluralista e aberto no qual havia muita margem para escolhas alternativas.

A concentração e a centralização não são atributos naturais do poder, mas um produto histórico, que tem que ver com circunstâncias concretas, com capacidades sociais, valores instituídos e experiências culturais específicas.

Dividir para reinar

À medida que se assentavam as pedras fundamentais da modernidade capitalista e que ganhava corpo a burguesia que emergia das cinzas feudais, o poder foi-se "desconcentrando". Era preciso acomodar a nova classe, de algum modo compor-se com ela e no limite obedecer. O Estado moderno devia ganhar corpo e envergadura.

Entre os séculos XVI e XVIII, a burguesia europeia proclamou, justificou e afirmou na prática seu direito a participar plenamente das esferas superiores do Estado. Nessa ascensão, em que enfrentou encarniçada resistência dos velhos barões feudais e da Igreja Católica, não poupou energia para dissolver todas as barreiras legais, políticas, morais, religiosas e intelectuais que atrapalhavam seus passos. Fez com isso uma revolução, transformando as relações entre os homens tanto em termos materiais quanto em termos simbólicos, jurídicos e políticos. Deu ao mundo uma nova filosofia, uma nova ética, uma nova cosmologia, ou seja, uma nova maneira de pensar, interpretar e sentir a vida.

Essa nova maneira de pensar foi o liberalismo, que ganhou expressão plena como sistema intelectual durante o século XVIII com a Ilustração.

Os principais móveis da revolução burguesa foram o dinheiro, a acumulação de riquezas, o cálculo racional, o desprendimento para ousar e empreender, a indiferença para com crenças e credos instituídos, a defesa do indivíduo, a confiança no progresso. Seus princípios filosóficos e suas categorias mentais corresponderam, em linhas gerais, à nova estrutura da produção e das trocas – ao mercado –, com base na qual se constituía a sociedade capitalista. Não é difícil perceber o porquê disso.

A concepção do indivíduo como fonte autônoma das decisões e dos atos era fundamental para o funcionamento de uma economia de mercado. No mercado, dois indivíduos criam um compromisso recíproco para reger suas relações. Um contrato só é razoável como instrumento mercantil se os contratantes forem autônomos para firmá-lo e modificá-lo. De modo geral, os liberais acreditavam que a própria sociedade derivava de um grande contrato entre indivíduos autônomos que escolhiam viver em comunidade. O contratualismo foi parte inseparável do pensamento que acompanhou a revolução burguesa. De Hobbes e Locke a Rousseau ele foi reiterado com algumas variações, mas sempre em torno do mesmo eixo.

O intercâmbio também necessita de indivíduos formalmente iguais, e a igualdade formal converteu-se numa ideia-chave do liberalismo. Deu-se o mesmo com a universalidade e a tolerância: todos deveriam ser incluídos na esfera do intercâmbio, pouco importando suas crenças, suas convicções religiosas ou seus defeitos pessoais. A liberdade e a defesa da propriedade, por fim, são o resultado e o pressuposto lógico do desenvolvimento do mercado. A troca de mercadorias supõe a presença de indivíduos livres para agir e decidir, para locomover-se sem restrições, para comprar e vender força de trabalho sem empecilhos. Apenas pode realizar-se se os participantes tiverem livre disposição sobre os bens que vão trocar e puderem usar esses bens de acordo com seus interesses.

Com a incessante revolução industrial, foi-se suprimindo a dispersão dos meios de produção, da propriedade e da população. Das atividades produtivas e dos instrumentos de trabalho à política, tudo passou a ser centralizado e concentrado. Aos poucos, as antigas províncias independentes, as regiões e as localidades que existiam como entidades autônomas foram arrastadas pelos novos ares e convertidas em partes das modernas nações, submetidas a um só governo, a uma só legislação, a uma só alfândega.

O absolutismo, que no início dessa ascensão prestara tantos bons serviços à burguesia, passaria a ser visto com desconfiança nos momentos subsequentes. Seu Estado era pesado demais, protetor demais, excessivamente regulador e, como se não bastasse, concentrava todo o poder nas mãos dos reis. Precisava ser reformulado, ajustado às novas circunstâncias.

O avanço da racionalização, a diferenciação funcional das atividades, a especialização e o próprio aumento das atribuições governamentais fizeram que o poder de Estado fosse se dividindo em mais de um pedaço. Os chefes tiveram de se cercar sempre mais de assessores, e de algum modo passaram a compartilhar o poder com eles. Era preciso dividir o trabalho para que se pudesse fazer o trabalho do mesmo modo que era preciso reunir pessoas e atividades num único local para possibilitar o avanço da racionalização. Foi-se constituindo assim um sistema de poderes.

A burguesia vitoriosa já não tinha mais interesse nem na razão de Estado, nem no direito divino dos reis. Agora, suas reivindicações eram um sistema tributário mais racional, a defesa da propriedade, a liberdade de comércio, a tolerância e a eliminação da autoridade arbitrária.

A burguesia levou ao pé da letra a máxima "dividir para reinar". Lutou com todas as armas para converter o poder absolutista em um poder constitucional e representativo no qual o centro não seria mais a Coroa soberana, mas sim o Parlamento, e no qual a "alma" dinâmica não viria dos estamentos e do respeito às verdades da tradição, mas sim dos indivíduos, de seus interesses e de sua vocação para o progresso.

O primeiro e mais importante passo nessa direção foi dado pelo *jusnaturalismo*, pela descoberta dos "direitos naturais". No "estado de natureza" os homens são livres e iguais e é razoável que, ao passarem progressivamente para o "estado civil", levassem consigo todos os seus atributos inatos, particularmente o direito à liberdade, ou seja, o direito de não sofrer qualquer coerção que pudesse ser imposta pela vontade de um outro. Foi um verdadeiro divisor de águas.

Como escreveu Norberto Bobbio, "a afirmação dos direitos do homem representou uma inversão radical na secular história da moral".[2] Antes, era como se a sociedade viesse primeiro e prevalecesse sobre o indivíduo, impondo-lhe pesadas restrições em termos de escolha e mobilidade. Era assim que se conseguia assegurar a agregação e a força dos grupos. Progressivamente, os indivíduos foram se soltando, adquirindo maior liberdade e autonomia. Sua vontade e seus direitos passaram a prevalecer sobre a vontade do grupo, os deveres e as obrigações. Seu ponto de vista foi-se afirmando sobre o ponto de vista da sociedade.

Aos poucos, a reflexão sobre o poder político passou a se orientar pelo homem como *indivíduo soberano* e não apenas como membro da sociedade. O indivíduo viria primeiro, depois viria o Estado. O poder, portanto, seria um produto dele e não poderia impor-se arbitrariamente sobre ele. Seria seu *representante*: em seu nome seria exercido e a ele se remeteria permanentemente.

A ideia dos direitos do homem nasceu, assim, tendo desde logo o objetivo de *limitar o poder*: o poder do mais forte sobre o mais fraco, do homem sobre a mulher, dos pais sobre

---

2 BOBBIO, N. *A Era dos Direitos*. Tradução de Carlos Nelson Coutinho. Rio de Janeiro: Elsevier, 2004. Primeira parte.

os filhos, do grupo sobre o indivíduo, do Estado sobre a sociedade. Sobretudo nesse último caso, passou-se a ver o poder não mais apenas a partir do dever dos governantes, mas também dos direitos dos governados. Afinal, se os homens eram livres e se distinguiam pela razão, como admitir que uma única pessoa ou um grupo restrito de pessoas chamasse para si as decisões sobre a vida de todos? Como aceitar que a força e coerção fossem o principal critério para governar as sociedades?

Com isso, além de limitar moralmente o poder soberano do Estado, os direitos foram se convertendo em base para ações e postulações "contra o Estado", ou seja, que responsabilizam o Estado por eventuais falhas, deslizes ou danos contra os indivíduos. Pouco a pouco, os direitos do homem ganharam eficácia jurídica e valor universal. Não foi evidentemente um processo simples. Ainda hoje há desníveis brutais em termos de poder e de direitos. Por mais que a revolução feminina tenha avançado e por mais que as leis protejam os indivíduos em geral, os direitos continuam sendo mais dos homens que das mulheres e há multidões inteiras fora de qualquer proteção jurídica efetiva. Mas quando pensamos em termos de processo histórico, a mudança e o avanço são inquestionáveis.

A suposição doutrinária mais abstrata do jusnaturalismo moderno – qual seja, a de que os homens nascem livres e iguais –, ainda que esteja inscrita no pórtico de todas as grandes declarações universais de direitos (como a de 1789 e a de 1948), jamais pôde ser comprovada empiricamente ou levada ao pé da letra. Ela, porém, tornou-se a expressão perfeita de uma aspiração: os homens devem ser tratados *como se* fossem livres e iguais. Ou seja, a liberdade e a igualdade não são na verdade um fato cabal, algo que o homem já encontra pronto ao nascer, mas sim um direito, algo a ser sempre conquistado e defendido.

O jusnaturalismo, assim, ao proclamar a existência de certas zonas de autonomia que não poderiam ser invadidas pelo soberano, opôs de fato um limite ético e doutrinário ao poder, mas não equacionou por si só toda a questão. Numa fase subsequente, fez-se acompanhar da teoria da *separação dos poderes* e dos esforços para constitucionalizar o poder estatal, isto é, subordiná-lo ao direito. Não deveria haver um único poder, mas vários, e todos eles deveriam estar submetidos às leis gerais do Estado. Nessa condição, os poderes controlam uns aos outros e são, ao mesmo tempo, controlados pelos cidadãos. Executivo, Legislativo e Judiciário articulam-se e fiscalizam-se reciprocamente para servir ao povo. Com isso, os liberais imaginavam eliminar qualquer abuso de poder por parte do Estado.

O Estado representativo moderno é o *Estado de direito*, no qual todos os poderes são exercidos no âmbito de regras jurídicas que delimitam sua competência e orientam suas decisões. Ele corresponde à afirmação de um poder eminentemente racional e legal, assentado sobre leis e regulamentações, organizado por critérios técnicos e protegido contra eventuais manipulações pessoais. Trata-se de algo bem diferente do poder tradicional, que se baseia em relações pessoais e em critérios de consanguinidade, patrimônio ou antiguidade. Exagerando um pouco, é um Estado cujo poder é o *poder do direito*.

O Estado de direito também pode ser entendido como aquele que autoriza e regulamenta o direito de se fazer oposição e de se resistir a ele. Foi essa a maior contribuição do movimento democrático que acompanhou a revolução burguesa. Diferentemente dos liberais, que se preocupavam predominantemente com o abuso do poder, os democratas empenharam-se em evitar a usurpação do poder, ou seja, lutaram contra o poder ilegítimo. Num Estado de direito, pode-se *agir contra o poder*, ainda que sem desrespeitar um certo conjunto de regras básicas, que regulam os mandatos, fixam critérios para a competição política, definem os limites da oposição e do governo, determinam os passos a serem dados para se chegar ao governo, e assim por diante. A regulamentação da oposição foi posteriormente complementada pela eleição popular dos governantes, processo que evoluiu gradativamente até chegar ao sufrágio universal masculino e feminino, tal qual conhecemos hoje. Ainda que dentro de limites preestabelecidos, com o sufrágio universal passou-se a admitir que o povo detém o poder de derrubar seus governantes ou ao menos de determinar quem serão eles.

O Estado de direito foi-se organizando no mesmo ritmo em que os direitos do homem foram se afirmando e a ideia de liberdade foi evoluindo. Boa parte desse processo teve relação com a história do liberalismo e de suas relações com a democracia e com o socialismo.

Os liberais foram os maiores responsáveis pela fixação da ideia de liberdade como não impedimento. Livre é aquele que não está impedido de agir ou impossibilitado de fazer tudo aquilo que lhe ordena seu interesse. As obrigações e o dever seriam, para o homem, algo secundário, uma espécie de ônus que precisaria ser sempre problematizado. A meta do indivíduo liberal é atingir o máximo de desimpedimento, condição sem a qual ele não tem como se realizar como indivíduo livre.

Os democratas sempre reagiram enfaticamente contra tal concepção. Jean-Jacques Rousseau, por exemplo, acreditava que o indivíduo livre era o indivíduo autônomo, ou seja, capaz de estabelecer normas para si próprio, de pensar com a própria cabeça, de manifestar plenamente sua vontade de se autodeterminar. Mais que desimpedido, o indivíduo democrático estaria livre de coerções. No fim das contas, porém, as duas ideias tenderiam a chegar a um mesmo denominador. Afinal, o indivíduo autônomo, nas condições de um Estado representativo, está sempre relativamente limitado (por exemplo, ao transferir as decisões para seus representantes) e, além do mais, não pode dispensar o pressuposto da liberdade como não impedimento. Sem estar desimpedido, como poderá ser livre e autônomo para manifestar sua vontade e se autodeterminar?

O problema do poder evoluiu, portanto, ao longo da constituição do mundo moderno, de uma posição que valorizava o Estado-potência, a razão de Estado, para uma posição que dava maior valor ao poder do direito e à soberania popular, mas tal passagem nunca foi definitiva. A primeira posição jamais deixou de ser recuperada e de voltar a se manifestar. Do mesmo modo, sempre que houve esse retorno do absolutismo teve-se em igual medida uma reafirmação do poder oposto, qual seja, do poder que combate o poder do Estado.

Trata-se de uma discussão ampla, que ao longo do século XX contrapôs não apenas liberais e democratas, mas também liberais, socialistas e comunistas. No centro da mesa, a questão de saber como organizar o Estado tendo em vista o alcance de largas e seguras faixas de liberdade e de igualdade, a questão de saber como autonomizar efetivamente o indivíduo, torná-lo capaz de se emancipar com todos os homens e todas as mulheres. Como, em suma, ter um poder que promova em vez de coagir.

A liberdade como não impedimento precisa também ela ser educada para não se voltar contra a comunidade. O indivíduo desimpedido só é autônomo se estiver civicamente predisposto a conviver com os demais. Um indivíduo livre, leve e solto mas egoísta é tão nefasto quanto o homem-massa que não pensa com a própria cabeça.

Isso significa falar em *politização*: educação para a cidadania. Significa também que não basta eleger representantes e transferir-lhes o poder de decidir. Um sistema representativo é a base da vida democrática, mas não esgota a vida democrática. Além do mais, a representação não exclui que os indivíduos, os grupos, as associações, participem diretamente da vida pública, tanto no sentido de eleger bons representantes e de fiscalizá-los quanto no sentido de exercer pressão e controlar o poder de Estado, quanto enfim no sentido de agir para organizar melhor a comunidade.

O poder democrático

Ainda que não possamos fazer vistas grossas para seus problemas e suas limitações, a democracia é o grande regime político moderno. E tem fornecido, ao longo do tempo, os mais potentes antídotos contra os arbítrios da disciplina, contra o peso sufocante das organizações, contra o excessivo controle dos poderes sobre grupos e indivíduos.

Pensando com radicalidade, pode-se dizer que o poder democrático se apoia em um projeto destinado a tornar viável o governo do povo (a soberania popular) com base em regras válidas para todos e de arranjos institucionais que facilitem tanto a livre competição política quanto a participação ampliada nos processos de tomada de decisões. Nele, a comunidade política se autogoverna e se autodetermina. A política democrática dispõe-se a criar condições – institucionais, políticas e associativas – para que os cidadãos controlem seus governos e participem deles, cobrem responsabilidades dos diferentes atores do jogo social e ponham em curso processos alargados de deliberação, de modo que se viabilizem lutas e discussões públicas em torno do como viver, do como governar e do como conviver. Trata-se, assim, precisamente pela grandeza de seus propósitos, de um projeto que só encontra plena viabilidade quando é vivido e defendido pela sociedade organizada.

O poder democrático não é apenas um poder limitado e dividido, mas também um *poder compartilhado*, uma vez que vive e funciona com base em interações dinâmicas e de responsabilizações recíprocas entre governantes e governados. É um poder que reduz drasticamente a distância entre os que dirigem e os que são dirigidos, convertendo estes últimos em personagens ativos e bloqueando o arbítrio dos primeiros. No poder democrático, os governados também governam.

Precisamente por isso, a democracia dá tanto relevo à *participação* quanto à *representação*. Numa situação democrática, todos participam e se fazem representar. Os representantes mantêm vínculos fortes com os representados. Representam-nos politicamente e por isso têm autonomia para decidir, mas não se descolam deles, nem viram as costas para eles. Os participantes, por sua vez, não apenas escolhem representantes e os fiscalizam, mas agem para interferir diretamente em todo o circuito da tomada de decisões. Fazem isso mediante pressões e negociações, bem como mediante atos de contestação das ordens e dos comandos e mediante ações práticas de proposição positiva, destinadas a equacionar e a resolver problemas.

A política democrática não pode ser concebida sem participação, representação e institucionalização, tanto quanto de uma ideia de limitação e regulamentação do poder coercitivo. Só temos como admitir um Estado soberano (isto é, livre e responsável perante seus súditos e diante dos demais Estados) se admitirmos a presença de um povo soberano (isto é, capaz de se autodeterminar). A comunidade política democrática expressa toda essa rede dinâmica de autonomias, controles, responsabilidades e limitações. Sendo autônomos, os indivíduos democráticos determinam livremente as condições da própria vida, mas não podem, ao fazer isso, negar os direitos e o modo de ser dos demais. A comunidade política democrática limita todos os poderes.

POTÊNCIA, LIMITES E SEDUÇÕES DO PODER

O poder democrático recusa o decisionismo, a decisão a qualquer preço e no menor tempo possível. À sua maneira, o poder democrático é um *poder lento*: mais que mandar e impor, ele organiza a discussão e a deliberação. Sua meta é dar origem a consensos sustentáveis, não impor decisões. Admite que não há como viver sem tipos variados de poder, mas atua para minimizar seus efeitos deletérios mediante a expansão de focos deliberativos ampliados, nos quais prevaleçam uma racionalidade comunicativa, uma ideia forte de bem comum e uma disposição para interagir e dialogar. O poder democrático projeta a construção de um Estado socialmente controlado, pensa a sociedade civil como espaço onde se pode viabilizar o entendimento de atores dispostos a deliberar de modo civilizado.

Por ser um poder aberto à participação de todos e à deliberação ampliada, o poder democrático só pode efetivar-se como tal se estiver *organizado*. Sem regras respeitadas por todos, sem funções e responsabilidades claramente definidas, sem aparatos de administração e de planejamento, sem fóruns deliberativos adequados, não pode ser um poder justo e eficiente, ou seja, capaz de conter a si próprio, potencializar criativamente o conflito e resolver problemas.

Por fim, o poder democrático é um *poder educado*. Antes de mais nada, porque educa seu detentor, ensinando-o a agir sem arrogância, a se submeter às regras vigentes, a ouvir e a repercutir as múltiplas vozes ambientais. Educa também aqueles que o enfrentam e que com ele convivem, ensinando-os a argumentar e a fundamentar suas postulações, a ver-se como parte de um todo, a dialogar até o limite do suportável, a aceitar que a conquista de reivindicações não decorre de argumentos de autoridade, mas sim da força dos argumentos, da persuasão e não da intimidação. O poder democrático é eminentemente dialógico. Exige que todos – governantes e governados – procedam mediante o diálogo e de acordo com regras instituídas democraticamente. É um poder que reconhece e aceita seus limites.

A democracia é inseparável da autonomia dos sujeitos. Indivíduos, grupos e associações devem atuar tanto com a mais plena consciência de seus direitos e de seus interesses quanto com a mais irrestrita liberdade de movimento e de opinião. Devem atuar, também, olhando para o plano imediato e para o futuro, ou seja, considerar tanto o efeito que suas ações podem ter no presente quanto sua repercussão nas fases e nas gerações que se seguirão. Sujeitos autônomos, no sentido rigoroso da palavra, são capazes de avaliar as consequências de seus atos não apenas em termos imediatos e tendo em vista seus próprios interesses, mas também levando em consideração os interesses dos demais e da vida comunitária como um todo. São sujeitos racionais, críticos, políticos e dialógicos.

Em decorrência disso, a democracia é mais "*sociedade civil*" que "*Estado*", ou seja, é mais organização autônoma dos interesses, das opiniões e dos direitos das pessoas e dos grupos que exercício do poder coercitivo. É uma aposta na capacidade que homens e mulheres têm de se autogovernar, de construir e implementar decisões que abram caminho para a construção coletiva de uma "boa sociedade" e de uma convivência superior.

A realidade contemporânea, porém, oferece dificuldades terríveis para a viabilização do projeto democrático. Em sociedades complexas como são as nossas, por exemplo, o autogoverno não pode dispensar a competência técnica e o saber especializado, e com isso acaba por facilitar o acúmulo de poder por parte daqueles que possuem conhecimentos e informações. O governo dos técnicos, ou tecnocracia, é uma sombra permanentemente projetada sobre nossas cabeças: o saber se convertendo em poder.

O saber como poder pode significar a conversão do poder em fonte não só de opressão e distinção, mas também de uma grave usurpação da capacidade de escolha e de decisão das pessoas. Foi assim que os teóricos da razão de Estado viram a questão. Alguns sabem mais do que outros e devem por isso pesar mais quando se trata de governar uma comunidade. Inicialmente, essa sabedoria não era técnica, mas, digamos assim, "vocacional": o príncipe virtuoso, o déspota esclarecido, o rei-filósofo, o monarca por direito divino, o hábil timoneiro povoaram os textos literários e a imaginação dos povos. Eles deveriam exercer o poder porque eram mais talentosos ou mais beneficiados pela graça de Deus. Progressivamente, os técnicos foram penetrando o Estado, tornando-se indispensáveis nos governos e ganhando força. As "razões" do Estado tornaram-se preponderantemente "técnicas". Abriu-se assim um complicado paradoxo: os técnicos ficaram fortes no mesmo ritmo em que os indivíduos foram-se autonomizando e em que a sociedade civil foi-se convertendo na principal arena para a organização do poder. Ou seja, os técnicos passaram a disputar com os cidadãos o privilégio de ser a referência maior da vida coletiva.

O poder democrático veta a conversão do saber em fonte de distinção, usurpação e opressão. Suas práticas são transparentes e abertas, seus dirigentes são dialógicos. Seus sujeitos estão postos na condição de *poder saber*. Têm direito à educação, à informação e à ciência, inserindo-se permanentemente em processos educacionais, cívicos. A educação para a cidadania integra em lugar de destaque o conceito e as práticas da democracia. O poder democrático é em boa medida o poder da razão e do conhecimento rigoroso de todos. Refuta o obscurantismo e o preconceito e dispõe-se a seguir orientações que estejam sustentadas por algum tipo de investigação objetiva, por recursos científicos e pelo discernimento técnico. Além do mais, não dispensa uma boa dose de sensibilidade e de apreciação estética.

O poder democrático vive e se fortifica na medida em que está animado pelo choque entre conhecer e fazer, investigar e decidir, esclarecer e solucionar. A reflexão científica e o diálogo são lentos, o governar precisa de velocidade. A reflexão e o diálogo operam pela ponderação, pela contemplação, pelo estudo minucioso, pela persuasão. O governar é movido pelo impulso passional, pela urgência, pela pressão das circunstâncias. Juntas e cooperando, mas sempre em conflito e competindo, essas duas dimensões podem produzir os freios necessários tanto para bloquear o decisionismo autoritário da política quanto para desarmar o diletantismo improdutivo da ciência. "Não se deve esperar que os reis filosofem ou que os filósofos se tornem reis", escreveu Kant no manifesto em favor da *Paz perpétua* (1795).[3] Não se deve tampouco, aliás, desejar que isso aconteça, completava ele, porque "a posse da força corrompe inevitavelmente o livre juízo da razão".

A democracia não se viabiliza sem ciência, mas não delega tudo à ciência, nem se vale dela para reduzir os cidadãos à passividade. A ciência põe-se como fator democrático na medida em que ajuda a formar os cidadãos ativos, a responsabilizar os governos e a auxiliá-los a atuar de modo mais correto, produtivo e criterioso.

---

3   KANT, Immanuel. *A paz perpétua e outros opúsculos*. Lisboa: Edições 70, 1995.

Conclusão
A politização do poder

Que papel pode estar reservado ao poder numa dinâmica social ou num movimento político que aponte para a emancipação? A organização do poder de tomar decisões e de implementá-las – no Estado, na empresa, na escola e na família – é um fator que facilita a produção de condições capazes de emancipar ou, ao contrário, é um fator que prolonga a dependência, a alienação, a submissão e o cancelamento (sublimado ou não) de desejos e de aspirações?

Desde suas mais remotas origens latinas, a palavra emancipação sempre esteve associada a libertação. Um filho poderia ser liberado do pátrio poder tanto quanto um escravo poderia obter a sua liberdade e tornar-se senhor de si. Hoje, dizemos que emancipado é o jovem menor de idade que adquire uma limitada capacidade de agir. Quando pensamos em emancipação do gênero humano ou emancipação de grupos da sociedade (as mulheres, os pobres, os trabalhadores), remetemo-nos sempre a uma expectativa de que se consigam avanços em termos da superação de certas condições de inferioridade jurídica, social, política ou sexual.

A função do poder em processos de emancipação sempre esteve no centro do pensamento político. A luta contra a opressão pressupõe uma relação com o poder: trata-se tanto de um ato contra o poder que oprime como um ato de afirmação do poder de dizer não e de construir novas formas de relacionamento social. Um ato contra o monopólio de poder coativo e contra o abuso de poder e ao mesmo tempo um ato de desobediência, uma proclamação daquilo que se costuma chamar de "poder negativo".

O debate tem sido exaustivo a este respeito. A convicção iluminista de que a educação e o uso da inteligência poderiam abrir as portas do futuro ingressou no século XX em baixa. Weber a problematizou com a "jaula de ferro" derivada da burocratização, Michels com a "lei de bronze da oligarquia".[1] As tiranias nazifascistas pareceram confirmar os piores prognósticos e o socialismo não conseguiu vencer como proposta de nova sociedade. Na metade dos anos 1960, o filósofo Herbert Marcuse[2] insistiu que a sociedade industrial avançada, contaminada por tantos controles técnicos e tecnológicos, mergulhara em uma racionalização irracional, que reproduzia incessantemente o sistema e só poderia ser interrompida por um acontecimento "externo" a ele. O totalitarismo parecia ter-se tornado estrutural. A racionalização crescente ameaçava escravizar para sempre a humanidade.

Não há como negar que o poder tem se racionalizado e se fortalecido categoricamente. Nem sempre, porém, como poder de Estado. O poder que ameaça a vida das pessoas é um poder de tipo sistêmico, que expressa de modo veemente o poder que tem o capital – que é, não nos esqueçamos, um

---

1 WEBER, Max. *Economia e sociedade*, op. cit.; MICHELS, Robert, *Sociologia do partido político*, op. cit.
2 MARCUSE, Herbert. *Ideologia da sociedade industrial*. Tradução de Giasone Rebuá. Rio de Janeiro: Zahar, 1969.

padrão de relacionamento e de organização, bem mais que uma figura monetária – de disciplinar, separar e oprimir as comunidades. O poder que nos perturba é um sistema que vem incorporando sempre mais técnica e tecnologia e vem conseguindo controlar processos com sempre maior eficiência. Não é um poder de fazer coisas, mas um poder sobre coisas e pessoas.

O "poder-fazer" é potência de realização: desbrava, inventa, rompe limites. Pode aproximar e unificar. Deve ser a base e o critério central para que pensemos em democratizar o poder.

O "poder-sobre" é hoje essencialmente o poder do capital, mas também se manifesta em sistemas concretos de governo e de gestão. Precisamos tentar dissociar o poder do capital, que domina o mundo e nos oprime, e o poder político, que organiza nossas vidas e pode nos fazer avançar. Democratizar o poder não é acabar com o poder, mas aumentar o número de vozes que o contestam. Não é desorganizar o poder, mas organizá-lo de outro modo. É blindá-lo contra as invasões nefastas do capital, do mercado e dos interesses particulares predatórios. É agir ao mesmo tempo como um contrapoder e como um antipoder. Democratizar o poder, em suma, é *politizar o poder*, ou seja, fazê-lo funcionar para todos e de modo compartilhado, como uma força construtora de convivência coletiva, de uma *polis*.

A politização não é o processo mais típico dos dias que correm. Nossa época parece impor uma certa ojeriza e uma certa condenação moralista da política. Ela dificulta o bom funcionamento dos sistemas políticos e o bom desempenho dos governos. A desilusão e o afastamento são estruturais.

Há muito combustível para que se adote um modo não político de fazer política. Quando, por exemplo, o diálogo democrático é substituído pela intimidação, pela desfaçatez ou pela afronta aos "bons modos", a política vai para o espaço. Quando a política é praticada como se fosse um *happening* ou um *show* que, a cada três ou quatro anos, agita as energias comunitárias mas não se faz acompanhar de nenhuma forma de mobilização permanente e de nenhuma iniciativa educacional, estamos longe da política. Uma atitude que compensa a letargia cotidiana com espasmos de combatividade "incendiária" só contribui para afastar as pessoas da política. Poder-se-ia falar o mesmo das competições eleitorais em que os candidatos se exibem como mercadoria aos eleitores, escudados por estratégias de *marketing* e recursos de mídia.

Alguém dirá que tudo isso é parte da política, que não há por que se horrorizar. Pode até ser, mas o quadro expressa uma face ruim da política, que deveríamos extirpar de nossas práticas. Reflete a prevalência daqueles "podres poderes" de que fala a canção de Caetano Veloso: enquanto os homens os exercem, "morrer e matar de fome, de raiva e de sede/são tantas vezes gestos naturais".[3] É uma dimensão da política que em vez de nos ajudar a resolver problemas e a organizar uma convivência melhor nos atrapalha e nos amarra, tornando-se ela própria o problema e nos empurrando para as fronteiras da barbárie.

Contra ela, o único antídoto é a recuperação plena da face generosa da política. Não é o virar as costas para a política, mas sim o recepcioná-la de braços e mentes abertos para então, em nome dela e com os recursos dela, enfrentarmos aqueles que pregam a ação contra a discussão, a veemência contra a ponderação. Pode ser um caminho longo, lento e pouco "heroico", mas, a esta altura, é o melhor caminho. Fora dele, restará apenas, na melhor das hipóteses, a mesma velha e desbotada rotina dos atos e das palavras que não empolgam.

---

3 VELOSO, Caetano. Podres Poderes. In: _____. *Velô*. São Paulo: PolyGram/Philips, 1989. (Compact Disc).

Não é razoável que pensemos em "mudar o mundo sem tomar o poder", como diz em tom desafiador o cientista social John Holloway,[4] seguindo de perto as ideias do zapatismo mexicano. Não é razoável sobretudo se essa ideia significar "com indiferença pelo poder", mas também não é certo que precisemos do poder para mudar o mundo ou que só possamos mudar o mundo a partir do poder do Estado. Há muitas formas práticas de ação que não passam pelo poder e mudam o mundo. O poder não é somente "poder-sobre" e toda forma de poder (o político, o da técnica, o econômico, o ideológico) pode ser vigiada, submetida a outras vontades e a outras aspirações. Podemos controlar aquilo que nos controla.

Vivemos em sociedades complexas, de modernidade radicalizada. Não podemos dispensar as vantagens que as técnicas de controle e de planejamento, assim como as tecnologias, nos oferecem. Não há como criar uma ordem justa e igualitária sem uma autoridade compartilhada por todos. A racionalidade que nos escraviza é instrumental, mas não é a única. Podemos antepor a ela formas sempre mais criativas de *razão crítica* e de *razão política*. Com as primeiras, aprendemos a pensar e a não aceitar aquilo que se nos é mostrado. Com as segundas, aprendemos a conviver, a organizar melhor nossas diferenças, nossos direitos e nossas obrigações.

Em resumo, podemos usar o poder contra o poder. Fazer da democracia um poder capaz de subjugar todos os poderes que nos oprimem. Negociar abertamente os termos do poder: o que será controlado, quem controlará, quem decidirá, como se formarão as decisões. Não podemos simplesmente abrir mão da racionalidade e das técnicas de controle

---

4   HOLLOWAY, John. *Mudar o mundo sem tomar o poder*. São Paulo: Boitempo, 2003.

racional por temer o fortalecimento unilateral do poder racional. Precisamos ter audácia para promover a fusão de razão e política, de controle e emancipação.

A racionalidade crítica e política, sensível à força da comunicação interativa, está ao alcance das mãos. Precisamos aprender a esticar os braços.

GLOSSÁRIO

Absolutismo – Do ponto de vista imediatamente político, o absolutismo expressa a configuração de um poder desembaraçado de leis e livre de processos de consulta popular. Nele, as diferentes funções estatais – a legislativa, a executiva, a judiciária, a fiscal – reúnem-se em um só governante. Não se trata de um poder necessariamente "fora da lei" e sim de um poder que não se deixa limitar pelas leis emanadas por um outro poder sem seu consentimento ou sua colaboração e que não se submete a nenhum tipo de controle social. A expressão remonta ao Estado absoluto, que representou importante etapa da história do mundo moderno. Respondendo por seus atos "somente a Deus", os reis absolutistas centralizaram e concentraram o poder e puderam com isso impulsionar decisivamente o desenvolvimento econômico que então se iniciava. O absolutismo dos séculos XVI-XVIII esteve historicamente determinado. Respondia a circunstâncias específicas. Não era uma escolha de monarcas particularmente sedentos de poder absoluto. Séculos depois, também foram absolutistas as ditaduras de Hitler e de Mussolini. Nesse caso, porém, as circunstâncias serão bem distintas. O absolutismo nazifascista foi totalitário e selvagem. Pisoteou a democracia, a liberdade, os direitos civis e políticos, a dignidade humana. Foi imposto num contexto pluralista e aberto, no qual havia muita margem para outras escolhas.

Burocracia – Modelo organizacional típico da modernidade capitalista e fortemente associado à lógica racional da indústria. Numa organização focada na eficiência e na produtividade, a administração não pode ser exercida por amadores, por diletantes ou por amigos dos poderosos. Precisa se profissionalizar, assimilar a ciência, incorporar tecnologia. Em uma palavra, racionalizar-se, qualificar-se tecnicamente, especializar-se. A burocracia significa, desse ponto de vista, antes de tudo *organização*. É um sistema racional de atividades regradas com que se busca um máximo de coerência entre meios e fins. Mas significa também um tipo de poder: o poder (*cracia*) do *bureau*, isto é, do escritório, da repartição, do gabinete. Como poder, a burocracia caracteriza-se pelo formalismo, pela estrutura hierárquica, pelas ordens comunicadas por escrito e pela impessoalidade no recrutamento dos quadros e no atendimento ao público. Nela, as atividades, os deveres e os poderes de mando estão determinados de modo fixo e de acordo com normas, regimentos e estatutos. A hierarquia funcional, por sua vez, se faz acompanhar do processo administrativo e da tramitação, configurando-se assim um sistema firmemente organizado de mando e subordinação que se sustenta na inspeção regular das autoridades inferiores pelas superiores.

Corporativismo – O corporativismo é a praga maior do associativismo. Ao se associarem, as pessoas estão buscando melhorar as condições para a defesa ou a viabilização de certos interesses. Tentam melhorar sua posição em relação a outros grupos de pessoas ou em relação a um dado centro de poder. A organização corporativista opera fechada em si mesma e trata o ambiente geral como palco para sua *performance*, e não como um contexto vivo, no qual outros atores, outras considerações e outros projetos coexistem. A visão corporativista, além do mais, tende a converter todos os demais grupos em adversários ou em inimigos, incapacitando-se assim para pensar em alianças, em frentes comuns de luta, em união de associações. O corporativismo, em resumo, despolitiza o associativismo, impedindo que ele produza todos os seus efeitos positivos e construtivos. Aumenta o poder do grupo, mas rouba-lhe qualidade. O poder corporativo é ilusório e de fôlego curto, por isso mesmo perigoso.

Desigualdade – O poder do homem sobre o homem é uma espécie de forma primária do poder, aquela que celebra a vitória do forte sobre o fraco, do superior sobre o inferior, do senhor sobre o escravo. Deve ser pensado, portanto, com base na famosa distinção que Rousseau estabeleceu no *Discurso sobre a origem e os fundamentos da desigualdade*: a "desigualdade natural ou física", que se assenta nas diferenças de idade, de saúde, das "forças do corpo e das qualidades do espírito e da alma", e a "desigualdade moral ou política", que depende de uma espécie de convenção, é "autorizada pelo consentimento dos homens" e se manifesta sob a forma dos vários privilégios de que gozam alguns em prejuízo de outros, como o de "serem mais ricos, mais poderosos e mais homenageados do que outros, ou ainda por fazerem-se obedecer por eles".

Estado – Aparato administrativo, organizacional e jurídico-político que viabiliza a organização dos povos em determinados territórios. Em termos eminentemente modernos, o Estado detém a exclusividade do uso da força, o "monopólio da coerção física legítima", como falava Max Weber. Por isso, é o poder supremo – o poder soberano –, ao qual todos os membros de uma comunidade se subordinam.

Como tal, porém, não é expressão pura da força, nem a força é exclusivamente constrição física. Restrições, vínculos e punições legais – a força da lei –, operações administrativas e providências institucionais também funcionam como decisivos recursos de poder. A coerção física (a prisão, o castigo, a violência) é uma espécie de recurso extremo, mais uma "ameaça" que uma prática rotineira. O específico do poder estatal é o fato de que ele reivindica – e obtém – o direito de ser o centro das decisões em última instância numa dada comunidade. Suas decisões são, nesta medida, vinculatórias: obrigam todos a obedecê-las. Lembrar aqui a definição de Antonio Gramsci, que se referia ao Estado como "todo o complexo de atividades práticas e teóricas com as quais uma classe dominante não só justifica e mantém o seu domínio, mas consegue obter o consenso ativo dos governados".

Estado de direito – No Estado representativo moderno todos os poderes são exercidos no âmbito de regras jurídicas que delimitam sua competência e orientam suas decisões. O Estado de direito, nesse sentido, corresponde à afirmação de um poder eminentemente racional e legal, assentado sobre leis e regulamentações, organizado por critérios técnicos e protegido contra eventuais manipulações pessoais. Trata-se de algo bem diferente das formas tradicionais de poder, que se baseiam em relações pessoais e em critérios de consanguinidade, patrimônio ou antiguidade. Distingue-se também, de modo frontal, das formas tirânicas, ditatoriais ou totalitárias de Estado. Trata-se de um Estado cujo poder é o poder do direito.

Hegemonia – O comunista e marxista italiano Antonio Gramsci (1891-1937) retirou o conceito do universo militar e o projetou firmemente no campo da política e da cultura. Distinguiu-o claramente das ideias de domínio, força ou coerção. Hegemonia tem a ver com capacidade de dirigir ética e politicamente, bem como com capacidade de fixar orientações significativas tanto para indivíduos isolados quanto para grandes agregados sociais. Tem a ver, assim, com conquista de consensos: apoios, adesões, lealdades. O conceito propõe uma articulação de novo tipo entre *domínio* (governo) e *direção* (consenso), ou, se se preferir, entre monopólio da força e capacidade de fixar horizontes de sentido, entre *poder* e *poder das ideias*. Ainda que se vincule predominantemente a direção ético-política e a cultura, a ideia de hegemonia não traz consigo a negação da ação política, muito menos a recusa de se chegar ao poder e usar o poder para promover reformas radicais, rupturas ou deslocamentos de forças. A luta pela hegemonia combina-se sempre, de um modo ou de outro, com luta pelo poder político em sentido estrito.

Individualização — Expressão com a qual se qualifica o processo de progressiva liberação dos indivíduos dos condicionamentos e orientações derivados dos grupos e das tradições socialmente instituídas. Com o avanço desse processo, as instituições são abaladas e tendem a se modificar em maior ou menor grau, como ocorre, por exemplo, nos dias atuais, com a família. Precisamente por isso, a individualização se faz acompanhar tanto de individualidade quanto de individualismo. Ou seja, a progressiva liberação dos indivíduos em condições de alta competição, típica do capitalismo, tende a produzir, por um lado, posturas e comportamentos possessivos, egoístas, predatórios, pouco predispostos a compartilhar a vida pública e "suportar" o peso do viver coletivo. Por outro lado, dado o avanço moderno da democratização, a individualização também produz ganhos em termos de individualidade, de desejo de pensar com a própria cabeça, de ter uma vida privada de melhor qualidade, de não se ser obrigado a cumprir certas rotinas ou a aceitar certas decisões. Desse ponto de vista, a valorização da individualidade pode facilitar a multiplicação de indivíduos solidários e cooperativos, que se refugiam na vida privada para escapar um pouco das pressões e das dificuldades da vida moderna, mas que sabem que esse refúgio somente será eficiente se estiver associado à criação de ambientes comuns mais justos e saudáveis.

Jusnaturalismo — Doutrina que fundamentou historicamente a descoberta dos "direitos naturais". Seus primeiros formuladores partiam do suposto de que, no "estado de natureza", os homens são livres e iguais e que, ao passarem progressivamente para o "estado civil", levariam consigo todos os seus atributos inatos, particularmente o direito à liberdade, ou seja, o direito de não sofrer qualquer coerção que pudesse ser imposta pela vontade de um outro. Como escreveu Norberto Bobbio, "a afirmação dos direitos do homem representou uma inversão radical na secular história da moral". Antes, era como se a sociedade viesse primeiro e prevalecesse sobre o indivíduo, impondo-lhe pesadas restrições em termos de escolha e mobilidade. Mais tarde, com a emergência do mundo moderno e a maior liberação dos indivíduos, seu ponto de vista foi-se afirmando sobre o ponto de vista da sociedade. Aos poucos, a reflexão sobre o poder político passou a se orientar pelo homem como indivíduo soberano e não apenas como membro da sociedade. O indivíduo viria primeiro, depois viria o Estado. O poder, portanto, seria um produto dele e não poderia impor-se arbitrariamente sobre ele. Seria seu *representante*: em seu nome seria exercido e a ele se remeteria permanentemente. O jusnaturalismo, assim, ao proclamar a existência de certas zonas de autonomia que não poderiam ser invadidas pelo soberano, opôs de fato um limite ético e doutrinário ao poder, mas não equacionou por si só toda a questão. Numa fase subsequente, foi complementado pela teoria da *separação dos poderes* e pelos esforços para constitucionalizar o poder estatal, isto é, subordiná-lo ao direito.

Poder invisível – Forma típica de poder supremo, modelo ideal do Estado autocrático. Nestas situações, tudo o que não é proibido é obrigatório e o poderoso faz-se tanto mais obedecer quanto mais onividente é, valendo-se sistematicamente do recurso à invisibilidade, ao segredo. Quem comanda, observa Norberto Bobbio, é tanto mais terrível quanto mais está escondido; quem deve obedecer, por sua vez, "é tanto mais dócil quanto mais é perscrutável e perscrutado em cada gesto seu, em cada ato ou em cada palavra". O Estado autocrático é, assim, bem diferente da democracia e do Estado constitucional, formas de governo nas quais o poder deve ser público e exercido em público. Uma das mais perfeitas metáforas do poder invisível, do controle completo, é o Panóptico de Jeremy Bentham, figuração arquitetônica que separa e isola os indivíduos, tratando-os como objeto de uma vigilância completa, ininterrupta. Seu princípio é o do poder ao mesmo tempo visível e inverificável: o indivíduo que o habita sempre verá o núcleo máximo do poder, mas jamais saberá se está mesmo sendo observado e nunca terá qualquer dúvida de que poderá ser observado.

Poder público – O poder é *público* porque não é privado, nem beneficia os interesses privados, sejam eles os do poderoso ou os de qualquer outro grupo da sociedade. O fato de dever ser exercido *em público*, por sua vez, significa que ele recusa o segredo, faz-se transparente, age às claras, à vista de todos. No Estado democrático, o caráter público do poder é a regra, o segredo é a exceção. Como exceção, o segredo deve limitar-se no tempo e ser empregado com grande moderação e parcimônia. O Estado democrático, representativo, constitucional, no qual a participação está dada como possibilidade legal e como fato efetivo, é um Estado que se apresenta em público e para um público. É uma forma de *poder visível*.

Poliarquia – Expressão usualmente associada ao cientista político Robert Dahl, que a utilizou para se referir aos múltiplos (*poli*) focos de domínio ou de governo (*archía*) que concorrem entre si. Distingue-se da tirania (poder de um déspota ou de um tirano), da oligarquia (governo de poucos ou dos mais ricos), da aristocracia (o domínio dos melhores) e da democracia (poder do povo, de todos). Uma poliarquia, porém, pode funcionar de modo oligárquico, caso os grupos que se controlam reciprocamente vierem a se constituir como agregações fechadas, voltadas exclusivamente para seus próprios interesses e refratários à participação dos demais membros da sociedade. Só a análise concreta das situações pode determinar quando uma situação "pluralista" é de fato democrática.

SUGESTÕES DE LEITURA

O presente livro propôs-se a pensar o poder como tema multifacetado, sinuoso e controvertido. Precisamente por isso, trata-se de um tema que pode ser lido de muitas maneiras e contar com o concurso da sociologia, da filosofia, da ciência política, do Direito e dos estudos organizacionais, além, evidentemente, da contribuição decisiva da literatura.

O que ler para decifrá-lo? No correr do texto aqui apresentado, foram várias as referências e as citações. Houve bastante diálogo com a bibliografia. Muitas vezes, fez-se isso de modo oculto ou indireto, para não sobrecarregar a exposição. Seja como for, as sugestões de leitura estão implícitas e cabe agora explicitá-las melhor.

Entre os clássicos do pensamento político, que servem de referência para toda a discussão, podem ser lidos com grande prazer e vantagem os seguintes:

ARISTÓTELES. *Política*. Tradução Mário da Gama Kury. Brasília: Editora UnB, 1985.

HOBBES, Thomas. *Leviatã, ou Matéria, forma e poder de um Estado eclesiástico e civil* [1651]. Tradução João Paulo Monteiro e Maria Beatriz Nizza da Silva. São Paulo: Abril (Os pensadores), 1974.

KANT, Immanuel. *A paz perpétua e outros opúsculos*. Lisboa: Edições 70, 1995.

LOCKE, John. *Dois tratados sobre o governo civil* [1689-1690]. 2. ed. São Paulo: Martins Fontes, 2001. Há outras edições em português.

MAQUIAVEL. *O príncipe* (1513-1515). Tradução Maria Júlia Goldwasser. São Paulo: Martins Fontes, 1993 (há inúmeras edições em português); e *Comentários sobre a primeira década de Tito Lívio*. 3.ed. Tradução Sérgio Bath. Brasília: Editora UnB, 1994.

MARX, Karl. *O Dezoito Brumário de Luís Bonaparte* (1851). Tradução revista por Leandro Konder. São Paulo: Abril (Os pensadores), 1974.

MARX, Karl, ENGELS, Friedrich. *A ideologia alemã. Parte I – Feuerbach.* [1845]. 4.ed. Tradução José Carlos Bruni e Marco Aurélio Nogueira. São Paulo: Hucitec, 1984.

MONTESQUIEU. *O espírito das leis* [1772]. 3.ed. São Paulo: Martins Fontes, 2002. Há outras edições em português.

ROUSSEAU, Jean-Jacques. *Do contrato social* [1757] e *Discurso sobre a origem e os fundamentos da desigualdade entre os homens* (1754). Tradução Lourdes Santos Machado. São Paulo: Editora Abril, 1973. (Os pensadores) Há outras edições em português.

WEBER, Max. *Economia e sociedade.* Fundamentos da sociologia compreensiva. 3.ed. Brasília: Editora Universidade de Brasília, 1994, 2v.; e *A ética protestante e o "espírito" do capitalismo* [1904]. Tradução José Carlos Mariani de Macedo. São Paulo: Companhia das Letras, 2004.

Alguns outros livros e autores são tão fundamentais, tão úteis e tão esclarecedores que merecem o justo título de clássicos contemporâneos. É o caso de Hannah Arendt, cujo *A condição humana* (Tradução Roberto Raposo. Rio de Janeiro: Forense Universitária/Salamandra, 1981) é um vigoroso ensaio de valor universal.

De Norberto Bobbio, autor de uma vasta e importantíssima obra, podem ser sugeridos *Teoria geral da política. A filosofia política e as lições dos clássicos.* Organização de Michelangelo Bovero, tradução Daniela B. Versiani. Rio de Janeiro: Campus, 2000; e *O futuro da democracia.* 7.ed. rev. e ampl. Tradução Marco Aurélio Nogueira. São Paulo: Paz e Terra, 2000.

O livro de Elias Canetti, *Massa e poder.* Tradução Sérgio Tellaroli. São Paulo: Companhia das Letras, 1995, trata literariamente de um tema filosófico profundo. Não é apenas belo, mas também de um alcance extraordinário. Revela aspectos surpreendentes e nem sempre considerados.

O pequeno livro de Gerard Lebrun, *O que é poder* (14. ed., São Paulo: Brasiliense, 1994), continua fornecendo uma interessante introdução ao tema.

Dentre os textos sociológicos modernos, são importantes referências os livros de Robert Dahl, *Prefácio à teoria democrática*. Tradução Ruy Jungmann. Rio de Janeiro: Zahar, 1989, e *Análise política moderna*. 2.ed. Tradução Sérgio Bath. Brasília: Editora Universidade de Brasília, 1988. De Niklas Luhman, pode-se indicar *Poder*. Tradução Martine Creusot Martins. Brasília: Editora Universidade de Brasília, 1985. E *O poder simbólico* de Pierre Bourdieu. Tradução Fernando Tomaz. 3.ed. Rio de Janeiro: Bertrand Brasil, 2000.

Para os temas mais específicos da organização, da burocracia e da disciplina, além dos seminais textos de Max Weber e da obra pioneira e controvertida de Friedrick W. Taylor, *Princípios de administração científica* [1911]. 8.ed. São Paulo: Atlas, 1990, devem-se mencionar, em lugar de destaque, o livro de Michel Foucault, *Vigiar e punir*. 21.ed. Tradução Raquel Ramalhete. Petrópolis: Vozes, 1999, bem como alguns dos livros que se ocupam das novas dimensões sociais associadas à radicalização da modernidade, abaixo indicados, como é o caso dos de Richard Sennett e de Jean Lojkine.

Para a questão do partido político, dos sindicatos e do centralismo (democrático e burocrático), importantes referências são Lenin, *Que fazer?* e *O Estado e a revolução*, que podem ser encontrados na edição das *Obras Escolhidas*, 2v. (São Paulo: Alfa-Omega); Karl Marx e Friedrich Engels, *Manifesto do Partido Comunista* [1848]. Tradução Marco Aurélio Nogueira e Leandro Konder. 10.ed. Petrópolis: Vozes, 2001; Robert Michels, *Sociologia do partido político*. Tradução Arthur Chaudon. Brasília: Editora Universidade de Brasília, 1982; e sobretudo Antonio Gramsci,

Cadernos do cárcere. Edição de Carlos Nelson Coutinho, com Luiz Sérgio Henriques e Marco Aurélio Nogueira. Rio de Janeiro: Civilização Brasileira, 1999-2001, 6v. Gramsci também fornece a melhor base para que se pense a questão da hegemonia.

Quanto à atualização dos temas do poder nos quadros da globalização e da modernidade radicalizada, da vasta e sempre crescente bibliografia podem ser indicados os seguintes livros:

BAUMAN, Zigmunt. *O mal-estar da pós-modernidade*. Tradução de Mauro Gama e Cláudia Martinelli Gama. Rio de Janeiro: Jorge Zahar Editor, 1998; e *Em busca da política*. Tradução de Marcus Penchel. Rio de Janeiro: Jorge Zahar, 2000.

BECK, Ulrich. *O que é globalização?* Equívocos do globalismo, respostas à globalização. Tradução de André Carone. São Paulo: Paz e Terra, 1999; e *Liberdade ou capitalismo*. Tradução Luiz Antônio Oliveira de Araújo. São Paulo: Editora UNESP, 2003.

CASTELLS, Manuel. *A sociedade em rede*. Tradução de Roneide Venâncio Majer. São Paulo: Paz e Terra, 1999; e *O poder da identidade*. Tradução de Klauss Brandini Gerhardt. São Paulo: Paz e Terra, 1999.

GIDDENS, Anthony. *As consequências da modernidade*. Tradução de Raul Fiker. São Paulo: Editora UNESP, 1991; *A transformação da intimidade*. Sexualidade, amor & erotismo nas sociedades modernas. Tradução de Magda Lopes. São Paulo: Editora UNESP; 1993; e A vida em uma sociedade pós-tradicional. In: U. BECK, A. GIDDENS, S. LASH, *Modernização reflexiva*: política, tradição e estética na ordem social moderna. Tradução de Magda Lopes. São Paulo: Editora UNESP, 1997.

HABERMAS, Jürgen. *A constelação pós-nacional*. Ensaios políticos. Tradução de Márcio Seligmann-Silva. São Paulo: Littera Mundi, 2001.

HARVEY, David. *A condição pós-moderna*. Uma pesquisa sobre as origens da mudança cultural. Tradução Adail U. Sobral e Matia Stela Gonçalves. São Paulo: Loyola, 1993.

HOBSBAWM, Eric J. *Era dos extremos*. O breve século XX. *1914-1991*. São Paulo: Companhia das Letras, 1995.

IANNI, Octávio. *Enigmas da modernidade-mundo*. Rio de Janeiro: Civilização Brasileira, 2000.

LOJKINE, Jean. *A revolução informacional*. 2.ed. Tradução José Paulo Netto. São Paulo: Cortez, 1999.

SENNETT, Richard. *A corrosão do caráter*. Consequências pessoais do trabalho no novo capitalismo. Tradução de Marcos Santarrita. Rio de Janeiro: Record, 1999.

O livro organizado por Dênis de Moraes, *Por uma outra comunicação. Mídia, mundialização cultural e poder* (Rio de Janeiro: Record, 2003), reúne artigos de alguns importantes participantes do debate sobre a questão da globalização e da cultura. Na mesma direção caminham muitas das intervenções de Edgard Morin, dentre as quais pode-se indicar *Educação e complexidade. Os sete saberes e outros ensaios*. Tradução de Edgard de Assis Carvalho. São Paulo: Cortez, 2002.

Sobre a discussão em torno do poder democrático e da politização do poder, que em boa medida está contida em todos os textos acima mencionados, pode-se também indicar o emblemático livro de Herbert Marcuse, *Ideologia da sociedade industrial*. Tradução de Giasone Rebuá. Rio de Janeiro: Zahar, 1969. Como demonstração do fascínio que o tema continua a exercer, pode-se lembrar de John Holloway, *Mudar o mundo sem tomar o poder*. São Paulo: Boitempo, 2003, no mínimo pelo inusitado de sua proposição central.

Por fim, tomo a liberdade de remeter o leitor a dois livros que publiquei recentemente, nos quais vários dos temas aqui abordados foram tratados de modo mais circunstanciado: Marco Aurélio Nogueira, *Em defesa da política*. 2.ed. São Paulo: Senac, 2004, e *Um Estado para a sociedade civil*.

Temas éticos e políticos da gestão democrática. São Paulo: Cortez, 2004.

Todas essas referências são pessoais e parciais, como sempre passíveis de serem questionadas, revistas e complementadas. Como em outros campos, a discussão sobre o poder é ampla e repercute de muitas formas. Mantém-se aberta e incentiva a constante incorporação de novos textos, artigos e livros. O "poder" da bibliografia, aqui, está sempre em construção.

QUESTÕES PARA REFLEXÃO E DEBATE

1 A distinção entre poder e autoridade é tradicional no pensamento político. De que maneira estabelecê-la? E como associar-lhe os temas da legitimidade e da liderança? Como diferenciar o poder político das demais formas de poder? Seria ele dotado de singularidade? Como poderíamos discutir a ideia de que nem sempre, aquilo que identificamos como *poder político*, ou como esfera da política em sentido estrito, tem efetivamente *poder*?

2 A doutrina da "razão de Estado" evoluiu durante séculos e incorporou-se à experiência da modernidade. Em termos históricos concretos, foi inevitável que o Estado se apresentasse como portador de razões superiores e exclusivas, distintas das razões individuais ou grupais. A era moderna não foi o resultado de um processo cego e espontâneo. Abriu passagem em meio a muitas resistências e a muitas contradições. Só veio à luz mediante um tenaz esforço para sobrepujar e dissolver a antiga era feudal, com seu cortejo de tradições e sua cultura. Qual a importância que o absolutismo e a "razão de Estado" tiveram no processo de racionalização e de secularização com o qual o mundo foi "desencantado" e o Estado Moderno se estruturou?

3 Quando se pensa no poder como atributo de uma pessoa ou grupo nas condições do mundo moderno, sempre se destacam as concepções do sociólogo alemão Max Weber. Qual o caráter distintivo de suas formulações? Como se poderia resumir a ampla discussão por ele impulsionada sobre a "dominação mediante organização" e, em particular, sobre a essência e os supostos da burocracia?

4 A sociedade industrial deu razão a muitas das ponderações de Michel Foucault, filósofo contemporâneo que estudou intensamente o controle sobre o corpo e a disciplina como recursos de poder. Seu livro *Vigiar e punir. Nascimento da prisão*, de 1975, é uma importante referência nesta discussão. Procure pensar na questão: qual o peso específico que o corpo tem nas relações sociais e como ele pode ser empregado como recurso de poder?

5 O mundo moderno sempre foi globalizado, sempre se estruturou em uma mundialização crescente. Mas em cada ciclo histórico ele se globalizou de um modo particular. Antes, era basicamente a economia que se globalizava, mediante a expansão das trocas comerciais e a ampliação dos fluxos financeiros. Hoje, não só a economia se converteu num gigantesco e onipresente mercado mundial, como o próprio modo de vida se globalizou. As relações sociais, a cultura e as experiências humanas têm cada vez mais uma dimensão planetária. Ao lado do mercado mundial, emerge uma verdadeira sociedade mundial. De que maneira uma consideração como essa pode nos auxiliar a compreender a situação atual do mundo?

6 Ainda que não possamos menosprezar seus problemas e suas limitações, a democracia é o grande regime político moderno. E tem fornecido, ao longo do tempo, os mais potentes antídotos contra os arbítrios da disciplina, contra o peso sufocante das organizações, contra o excessivo controle dos poderes sobre grupos e indivíduos. Como qualificar o poder democrático, ou será que a democracia, por se basear na autorização e na participação das maiorias, eliminaria por si só a figura do poder político?

CONHEÇA OUTROS LANÇAMENTOS
DA COLEÇÃO PARADIDÁTICOS UNESP

SÉRIE NOVAS TECNOLOGIAS
Da Internet ao Grid: a globalização do processamento
Sérgio F. Novaes e Eduardo de M. Gregores
Energia nuclear: com fissões e com fusões
Diógenes Galetti e Celso L. Lima
O laser e suas aplicações em ciência e tecnologia
Vanderlei Salvador Bagnato
Novas janelas para o universo
Maria Cristina Batoni Abdalla e Thyrso Villela Neto

SÉRIE PODER
O poder das nações no tempo da globalização
Demétrio Magnoli
A nova des-ordem mundial
Rogério Haesbaert e Carlos Walter Porto-Gonçalves
Diversidade étnica, conflitos regionais e direitos humanos
Tullo Vigevani e Marcelo Fernandes de Oliveira
Movimentos sociais urbanos
Regina Bega dos Santos
A luta pela terra: experiência e memória
Maria Aparecida de Moraes Silva

SÉRIE CULTURA
Cultura letrada: literatura e leitura
Márcia Abreu
A persistência dos deuses: religião, cultura e natureza
Eduardo Rodrigues da Cruz
Indústria cultural
Marco Antônio Guerra e Paula de Vicenzo Fidelis Belfort Mattos
Culturas juvenis: múltiplos olhares
Afrânio Mendes Catani e Renato de Sousa Porto Gilioli

SÉRIE LINGUAGENS E REPRESENTAÇÕES
O verbal e o não verbal
Vera Teixeira de Aguiar
Imprensa escrita e telejornal
Juvenal Zanchetta Júnior

SÉRIE EDUCAÇÃO
Educação e tecnologias
Vani Moreira Kenski
Educação e letramento
Maria do Rosário Longo Mortatti
Educação ambiental
João Luiz Pegoraro e Marcos Sorrentino
Avaliação
Denice Barbara Catani e Rita de Cassia Gallego

SÉRIE EVOLUÇÃO
Evolução: o sentido da biologia
Diogo Meyer e Charbel Niño El-Hani
*Sementes: da seleção natural às modificações genéticas
 por intervenção humana*
Denise Maria Trombert de Oliveira
O relacionamento entre as espécies e a evolução orgânica
Walter A. Boeger
*Bioquímica do corpo humano: para compreender a linguagem
 molecular da saúde e da doença*
Fernando Fortes de Valencia
Biodiversidade tropical
Márcio R. C. Martins e Paulo Takeo Sano
Avanços da biologia celular e molecular
André Luís Laforga Vanzela

SÉRIE SOCIEDADE, ESPAÇO E TEMPO
Os trabalhadores na História do Brasil
Ida Lewkowicz, Horacio Gutiérrez e Manolo Florentino
Imprensa e cidade
Ana Luiza Martins e Tania Regina de Luca
Redes e cidades
Eliseu Savério Sposito
Planejamento urbano e ativismos sociais
Marcelo Lopes de Souza e Glauco Bruce Rodrigues

SOBRE O LIVRO

Formato: 12 x 21 cm
Mancha: 20,5 x 38,5 paicas
Tipologia: Fairfield LH 11/14
Papel: Off-set 75 g/m² (miolo)
Cartão Supremo 250 g/m² (capa)
1ª edição: 2008
1ª reimpressão: 2011

EQUIPE DE REALIZAÇÃO

Edição de Texto
Adriana de Oliveira Bairrada (Preparação de Original)
Rinaldi Milesi (Revisão)
Kalima Editores (Atualização ortográfica)

Editoração Eletrônica
Estela Mleetchol (Diagramação)